사교육, 최소 비용으로 성적 올리기

사교육 때문에 힘들어 하는
중학생과 학부모를 위한

사교육, 최소 비용으로 성적 올리기

유경준 지음

문학세계사

똑같은 사교육비를 지출해도
결과는 다르다

1. 나는 중학생 또는 중학생 학부모다.

2. 본인 또는 자녀의 수학 점수 때문에 고민이다.

3. 사교육을 열심히 받고 있는데 성적이 오르지 않는다.

4. 선행 학습을 해야 하나 고민 중이다.

위의 사항 중에 해당되는 부분이 있는가? 그렇다면 이 책을 한 번 읽어 볼 만하다.

우리 중학생들. 초등학교까지는 솔직히 어떻게 버틸 수 있었다. 엄마가 시켜주는 학습지를 풀고 방과 후에 학원도 다니고 하면 공부를 어느 정도 하는 것처럼 느껴졌다. 그런데 점점 시간이 흐르면서 문제가 발생한다. 중학교에 입학하고 보니 공부할 내용은 초등학교보다 훨씬 많아지고 학습 난이도도 높아지며 폐지 정책이 펼쳐지고는 있으나 '자사고'다 '특목고'다 하면서 공부를 잘하는 학생들은 벌써 입시 준비를 시작한다. 나도 우선은 초등학교 때 정도로만 열심히 해본다. 그런데 성적이 오르지 않는다. 그래서 약간 더 열심히 해본다. 여기서 정말 독기를 품고 공부를 하면 좋으련만 점점 포기하는 학생들이 생겨난다. 의욕과 자신감이 상실되면서 결국 수포자와 같이 공부를 포기하는 학생들이 생겨난다.

여기서 부모들의 고민도 시작된다.

'우리 아이 이대로 괜찮을까? 옆집 철수 엄마는 영어 전문 학원을 보내기 시작하고 뒷집 영희 엄마는 다음 달부터 과외를 시작한다던데, 우리 아이는 어쩌지?'

대한민국에서 사교육을 하지 않는다는 것은 언젠가부터 부모가 자녀의 교육에 관심이 없는 것과 마찬가지로 생각하게 되었다. 집에서 자녀가 혼자 공부하는 상황이 발생하면 주변에서 더 난리다. 요즘이 어떤 시대인데 애를 혼자 공부시키냐는 것이다.

정부에서는 참 좋은 말들을 많이 한다. 사교육 없이도 좋은 대학 갈 수 있는 시대를 만들겠다고. 서점에도 참 좋은 책들이 많다. 주로 사교육 없이 특목고 보낸 엄마들의 이야기나 혼자 공부해서 좋은 대학에 갔다는 내용의 책들이다.

그런데 위의 경우가 우리 주변에서 쉽게 볼 수 있는 일인가? 사교육 전혀 없이 좋은 고등학교, 대학교를 간 경우는 극히 소수다. 현재 우리 교육 상황에서 너무 특별한 경우만 강조해서 보여 주고 있다는 생각이 든다. 사교육 없이 좋은 대학을 보낼 자신이 있는 부모와 스스로 갈 자신이 있는 학생이라면 이 책을 보고 있지도 않을 것이다.

필자는 현재 사교육 회사에서 마케팅 업무를 하며 소비자에게 사교육

상품을 팔아 매출을 올리는 역할을 하고 있다. 8년 정도 업무를 하다 보니 점점 확고해지는 생각이 있다.

'앞으로 10년 이내에는 사교육 없이 학생들이 좋은 성적을 얻기 힘들다.'

정부의 교육 정책은 시간이 지날수록 금수저들만 좋은 대학교에 진학할 수 있는 불편한 현실을 만들고 있다. 가만히 보고만 있기에는 불합리한 세상이다. 그래서 생각했다.

'내가 현 상황에서 학부모와 학생에게 실질적으로 도움을 줄 수 있는 부분은 금수저가 아닌 일반 학부모와 학생들이 이왕에 하는 사교육에서 비용 대비 최고의 효과를 끌어 낼 수 있도록 방법을 알려 주는 것이다.' 그리고 이 방법을 '사교육, 최소 비용으로 성적 올리기'로 정리해 보았다.

사교육의 효과를 최대로 이끌어 내는 방법은 분명히 있다. 비록, 서울대에 진학하지 못하고 전교 1등을 만들어 주진 못해도 똑같은 비용을 들이고 더 좋은 효과를 볼 수 있는 방법은 분명히 존재한다.

사교육 회사의 마케터인 나의 역할은 상품을 최대한 많이 팔아 매출을 올리는 것이다. 그래서 사교육을 최소 비용으로 활용하는 법에 대한 글쓰기가 쉽지 않았던 것이 사실이다. 오히려 학부모의 지갑에서 한푼이라도 더 나오도록 독려하는 책을 써도 모자랄 지경이기 때문이다.

뉴스에서 한 기사를 보았다. 2015년 국제구호개발단체 세이브더칠드런과 서울대 사회복지연구소가 발표한 '아동의 행복감 국제 비교 연구'의 조사 결과에 따르면 한국 아동의 주관적 행복감은 유럽, 남미, 아프리카 등의 12개국 4만 2567명 중 최하위라고 한다.

특히, 중학교 1학년에 해당하는 만 12세에서 행복감이 급격히 떨어지는데, 이는 학업 스트레스와 진로 문제 등 다양한 원인이 지목된다. 사람이 행복하지 않다는 생각이 들면 우울증에 빠질 수도 있다. 만 12세의 어린 학생이 우울한 것도 모자라 그 이유가 '취업 걱정'이라고 한다. 이것이 현재 대한민국의 안타까운 현실이다.

단순히 회사의 콘텐츠를 학생들에게 많이 판매하기 위해 전력을 다하고 있는 나에게 '제대로 살고 있는 것이 맞는가?' 하는 의문이 생겼다. '겨우 중학교 1학년 학생들이 학업과 취업 때문에 스트레스를 받고 있는데, 사교육 마케터인 내가 혹시 일조를 하고 있는 것은 아닐까.' 이 시기와 맞물려 나 자신도 아빠가 되면서 여러 생각이 들었다.

'내 아이가 지금과 같은 대한민국에서 학교를 다니면 행복할까?' 이상적인 유토피아를 꿈꾸지 말고 (그건 지금도 많은 교육 관계자들이 하고 있으니까) 현실적으로, 그러니까 지금도 사교육을 받고 있고 앞으로도 받을 학생과 학부모에게 도움이 되는 일을 하고 싶다는 생각을 하게 되었다.

사교육, 무조건 나쁜 것일까? 사교육이 학생들의 학습 능력 신장에 도움을 주고 학업에 대한 부담을 줄여 주며 심지어 성적까지 올려 준다면, 실은 좋은 것이 아닐까? 문제는 오히려 강제적으로 부모들이 자녀에게 사교육을 시키고 학생들도 억지로 해야 하는 부분에 있지는 않을까? 돈은 돈대로 쓰면서 성적은 성적대로 오르지 않는 데다가 이것 때문에 부모와 자식 간의 관계는 또 한 번 뒤틀릴 수 있을 것이다. 마치 도미노처럼.

그래서 공교육이 충분히 사교육을 대체할 수 있다는, 이미 다른 사람들도 많이 하고 있는 이야기보다 실제로 사교육을 어떻게 효과적으로 받을 수 있는지 말하고자 한다.

사교육을 받고도 성적이 오르는 학생과 성적이 오르지 않는 학생의 차이는 분명히 눈에 보인다. 신기하게도 교육회사의 마케터를 시작하던 시점이나 지금이나 그 이유에는 별반 차이가 없다. 학생과 학부모의 학습 상담 게시판만 봐도 느낄 수 있다. 2007년과 2017년의 글을 비교해 보면 '정말 10년 전에 쓴 글이 맞아?'라는 생각이 들 정도로 사교육에 관한 고민은 한결같다.

사실 사교육 시장에서는 사교육을 효과적으로 받는 방법을 알아도 가르쳐 주지 않는다. 왜 그럴까? 너무 당연하게도 그것을 학생들에게 알려 줘 학생 스스로 공부하기 시작하면 매출이 떨어져 사교육 시장이 축소될 수도 있기 때문이다.

필자도 위와 같이 생각하던 시절이 있었지만 지금은 오히려 반대다. 사교육을 올바르게 활용하는 법을 익히면 학생들은 더욱 효과적으로 공부할 수 있고, 비용을 조금이라도 줄일 수 있는 부모들의 마음도 한결 편안해질 것이다. 공교육과 사교육의 경계를 떠나서 사교육이 진정으로 공교육을 도와준다면, 사교육에 대한 인식의 변화가 생길 수도 있다.

사실, 사교육하고 떨어질 수 없는 부분이 '돈'이다. 요즘 같이 금수저만 좋은 대학에 가고 사교육을 받고 싶어도 금전적인 이유 때문에 받지 못하는 상황이 지속된다면 너무 슬프지 않을까? 내가 듣고 싶은 인터넷 강의가 있고 내가 가고 싶은 학원이 있는데 비용이 문제라면 비용 대비 효과를 높이자. 알려 주겠다. 최소 비용으로 사교육을 받고 성적이 올라 원하는 학과, 원하는 대학에 갈 기회를 높일 수 있다면, 어느 정도 투자할 가치가 있지 않을까? 현재 필자가 근무하고 있는 회사의 인터넷 강의 사이트에 매년 새롭게 가입하는 회원만 10만 명이 넘는데, 열심히 공부해도 성적이 오르지 않는 학생들을 비롯해서, 자신과 맞는 사교육을 찾지 못하거나, 학습법과 입시에 대한 정보를 얻지 못해서 스트레스를 받는 학생들은 꾸준히 있었다.

필자는 이 책을 통해 사교육을 해도 성적이 오르지 않아 스트레스를 받고 사교육을 활용하는 법을 몰라 고민하는 학생과 그들의 학부모에게 사교육 활용 노하우를 알려 주고자 한다. 사교육을 이용해 비용 대비 최고의 효과로 성적을 올리는 방법을 모두 털어놓도록 하겠다. 탈탈.

사교육을 받기 전과 받으면서, 그리고 받은 후의 3가지 상황으로 나누어 설명하고자 한다.

1장에서는 사교육을 시작하기 전에 꼭 준비가 되어야 하는 3가지 사항에 대한 내용을 다룬다. 2장에서는 최소 비용으로 사교육을 받으면서 최고의 효율을 낼 수 있는 실질적인 방법을 안내한다. 3장에서는 사교육을 받았는데도 성적이 오르지 않는 경우에 대해 살펴본다. 마지막 4장에서는 중학생 자녀를 둔 학부모들을 위한 코너를 마련했다.

어차피 고액 과외나 대치동에서 학습 컨설팅을 받는 학생들은 이 책이 필요 없을 것이다. 이 책의 목적 자체가 '최소 비용'으로 사교육을 받아 '최고의 효율'을 내는 것이기 때문이다. 그래서 학원이나 과외가 아닌 현존하는 사교육 채널 중 가장 경제적으로 효과를 볼 수 있는 '인터넷 강의'를 통한 사교육 학습법을 전체적으로 설명할 예정이다.

이 책을 통해, 어차피 돈을 쓸 수밖에 없는 사교육의 효율을 최대한으로 높여 학부모 및 학생들이 갖고 있는 공부 고민이 가벼워지길 바란다. 지금부터 가성비 최고의 사교육 활용법을 함께 살펴보도록 하자.

3가지 준비가 안 되었다면 사교육 하지 마라

1단계_준비

사교육, 어떻게 해야 하나 / 공부를 시작하게 만드는 의지 / 공부 실력을 향상시키는 집중력 / 공부 자신감을 높여 주는 학습법

사교육을 시작하면 무조건 성적이 오를까? 자신 있게 대답할 수 있다. '아니다!'
필자가 근무하고 있는 회사의 성적 우수 장학생의 수기와 학습 게시판을 면밀히 살펴보면서 사교육을 통해 성적을 올리는 학생과 그렇지 못한 학생의 차이는 '사교육 전의 학습 상태'에서부터 나뉜다는 점을 발견했다.

'사교육, 최소 비용으로 성적 올리는 법'을 실행하는 학생들에게서 사교육을 받기 전 나타나는 공통점을 3가지로 추렸다. 사교육을 시작하고 열심히 공부하는데도 성적이 오르지 않는다면 사교육 시작 전, 3가지의 준비 사항이 제대로 갖추지 못했을 가능성이 크다.

1장에서 이야기하는 '사교육의 효과를 최대로 높이는 3가지 준비 방법'은 막무가내로 사교육을 시작해서 생돈 날리지 않도록 사교육을 받기 전에 준비해야 하는 사항에 대해 이야기 한다.

사교육, 어떻게 해야 하나

성적이 오르지 않으니까 사교육을 하는 거다

학습 고민 게시판에 올라오는 전형적인 패턴의 글을 살펴보자.

'수능 점수가 높아야 갈 수 있는 서울 소재 대학교의 상위 학과 진학을 희망한다.

→ 하지만 안타깝게 현재 성적으로는 가고 싶은 대학을 갈 확률이 희박하다.

→ 그런데 스스로 생각하기에 공부를 열심히 하고 있다. 학교가 끝나면 사교육도 열심히 받고 있다.

→ 열심히 하는데도 성적이 오르지 않으니 짜증이 난다.

결론 : '사교육을 받으며 열심히 공부하고 있는데 왜 성적은 오르지 않을까?'

'학원까지 다니면서 열심히 공부하는데 성적이 오르지 않아서 의욕이 떨어져요', '솔직히 문제를 모르겠어요. 학원 다니면 성적이 오를 줄 알았는데……', '학교와 학원, 과외 등 하루 종일 공부하는데 왜 성적이 안 오르죠?'라고 말하는 학생들이 참 많다.

솔직히 사교육 받는다고 모두가 1등이 되는 기적은 일어나지 않는다. 그렇지만 사교육까지 받고 있는데 성적이 하나도 오르지 않는다면 조금 난감한 상황이 된다.

아침부터 저녁까지 학교와 학원, 과외로 하루의 대부분을 보내는데 왜 성적이 오르지 않을까? 남들보다 더 열심히 공부하는 것 같은데 나의 성적은 왜 맨날 제자리일까?

우선 너무 걱정하지 마라. 옆에 친구도 사교육을 받는 이유가 성적이 오르지 않기 때문이다.

이제부터 제대로 시작하면 된다. 이 글을 읽고 나면 '이래서 내가 사교육을 받는데도 성적이 오르지 않았군!'이라는 깨달음을 얻게 될 것이다.

지금 받는 사교육의 변화를 두려워하지 말자

중학생들이 사교육을 받다가 공부 의욕을 상실하는 시기가 있다. '아무리 공부를 해도 성적이 오르지 않는다. 나는 안 되는 것 같다'는 생각이 드는 때이다. 안 된다고 포기하면 의욕은 더 떨어지고, 의욕이 떨어지니 성적 역시 같이 떨어지는 악순환이 시작된다. 이럴 때는 어차피 성적이 오르지 않는 거, 원점으로 돌아가서 다시 생각해야 한다. 사교육을 받는데도 성적이 오르지 않는다? 너무 당연해서 학생과 학부모가 생각하지 못하는 원인이 있는데, 그것은 '똑같은 사교육을 너무 오랜 기간 유지해서'이다. 처음에 사교육을 받고 약간 성적이 오르자 그 방법을 계속 유지한 것이다. 그냥 그렇게 시간이 흘러 성적은 상승과 하락을 반복하고 시간은 계속 흘러간다. 그렇다면 이 문제를 어떻게 해결할 것인가?

과학 학원을 다니면서도 성적이 오르지 않아 고민하던 중2 김남형 학생은 다니던 학원을 과감히 그만두었다. 부모님은 '지금도 학원을 다니면서 성적이 오르지 않는데 다니던 학원까지 끊으면 성적이 더 떨어지는 것이 아닌가?'라며 반대했다. 하지만 성적을 떨어뜨리는 학원을 계속 다니는 것도 의미가 없다는 조언에 따라 학원을 그만두고 인강을 수강했다. 평소 이론 수업에 지겨움을 느끼고 있어 본인이 수강하고 싶었던 실험 중심으로 수업을 진행하는 강좌를 수강했는데 결과는 대만족이었다. 공부에 재미를 붙이자 시험 점수가 상승했고, 자신감을 얻어 다른 과목도 본인이 공부하고 싶은 방식대로 변경하며 시너지 효과가 나타났다.

사교육은 지속적인 변화가 필요하다. 몇 년간 똑같은 학원 원장에게 학원비를 갖다바칠 이유가 없다. 집 앞에 있는 학원을 몇 년 동안 계속 다니면서 매너리즘에 빠지지 않기 위해서는 공부 채널에 변화를 줘야 한다. 여기서 '공부 채널'이란 학원, 과외, 인강과 같은 사교육의 종류를 뜻한다. 본인은 성장하면서 변하고 있는데 왜 공부 채널은 똑같은 것을 계속 고집하는가? 학원 수강을 중단하고 인강을 들어본다거나, 성적이 정체되어 있다면 가만히 앉아서 수업을 듣는 것이 아닌 토론과 실험을 중심으로 하는 학원에 다녀보는 등의 변화가 필요하다. 이후 본인이 원하는 과목 중심으로 공부를 다시 시작하면 공부 의욕이 되살아날 수 있다.

학생 스스로 성적 상승을 위해 단순히 공부만 더 열심히 하는 것은 비효율적이다. 공부 채널의 변화 (학원 → 인강), 그리고 같은 과목의 사교육을 받아도 콘셉트의 변화 (단순 지필고사 중심 → 실험 또는 토론 중심)를 가져보자. 한 과목의 성적이 올라가면 다른 과목의 성적까지 상승하는 시너지 효과가 날 수 있다. 사교육을 하는데도 성적 상승이 지체된다면 변화를 도모해야 한다. 학원 수업을 통해 모르는 문제가 해결되지 않으면 인강을 통해서 해결하기 위해 시도해 보고 인강을 통해서도 안 되면 또 다른 공부 채널을 시도해 봐야 한다.

사교육을 한다고 공부 자체가 쉬워지는 것이 아니다. 모르는 부분이 있으면 개념 공부를 다시 하고 자신에게 맞는 효율적인 학습법을 찾아내야 하는 부분은 공교육이나 사교육이 동일하다.

부모들도 사교육을 통해 자녀들의 성적을 향상시키는 과정에서 단순히 용돈 인상 등의 달콤한 사탕으로만 자녀들의 공부 의욕을 높이려는 생각에서 벗어나자. 현재 공부 채널의 문제점이 없는지도 같이 이야기하고 학습 의지를 높일 수 있는 방법을 같이 고민하자. 또한, 자녀가 과감히 공부 채널의 변경을 원하면 잘 다니던 학원을 왜 관두느냐고 되물을 것이 아니라 자녀의 의견을 받아 줄 수도 있어야 한다. 궁극적으로는 학생 스스로 공부를 통해 성취감을 느껴야 사교육을 받는 보람이 있지 않을까? 사교육의 변화를 두려워하지 말자.

'비싼 사교육 = 좋은 사교육'이 아니다

교육부와 통계청이 발표한 '2016년 사교육비 조사결과'를 살펴보면 학령 인구가 뚜렷이 감소함에도 불구하고 우리나라 가정의 총 사교육비는 15년 대비 증가했다. 초·중·고 학생 수가 21만 명이 감소했지만 사교육비의 총 규모는 약 2천 3백억 원이 늘어났다. '학생 1인당 월 평균 사교육비'는 25만 6천 원으로 역대 최고치를 기록했다. 평균 소득이 7백만 원 이상인 가구는 81.9% 학생이 사교육에 참여하며 월평균 사교육비는 44만

3천 원을 기록한다. 하지만 소득이 1백만 원 미만인 가구는 사교육을 받는 비율이 약 30% 선이며 월평균 사교육비도 5만 원에 그쳤다.

지역별 차이도 살펴볼 수 있다. 시·도별 월평균 1인당 사교육비는 서울(35만 2천 원), 경기(27만 9천 원) 등 수도권에서 월등히 높다. 전남(16만 2천 원)과 비교하면 20만 원 가까이 차이가 난다.

잘사는 집의 자녀들이 사교육을 더 많이 받고 그 잘사는 사람들이 수도권에 집중되어 있다는 사실은 통계를 통해 알 수 있다. 하지만 여기서 대부분의 학부모와 학생은 '썩소'를 짓는다. 이유가 무엇일까? 바로 '비용'이다. 이런 통계 자료는 엄마들의 비웃음만 살 뿐이다. 지금 내가 그리고 내 자녀가 다니고 있는 학원의 한 과목당 수강료만 30만 원이 넘는데 월 평균 사교육비가 25만 원이라고 하는 것이다. 아무리 유아 사교육비와 비밀 과외 등은 제외된 금액이지만 이 수치를 누가 얼마나 신뢰할 수 있을까? 현실적으로 지금 학원을 다니고 있는 학생이라면 납득하기 쉽지 않은 금액이다. 체감으로 느껴지고 실제 지출되고 있는 사교육 비용 대비 너무 낮은 금액이 발표가 된다.

그렇다면 현실을 한번 살펴보자. 중학생 엄마들이 포진되어 있는 맘카페를 살펴보면 현실로 체감할 수 있는 사교육 비용을 쉽게 검색할 수 있다. 필자 역시 교육 회사에 근무하며 새로운 상품이 나오면 가격을 책정하는 업무를 했기 때문에 사교육 비용에 관여할 수밖에 없는 직무를 맡고 있다.

'중학생 자녀의 적당한 학원비는 얼마일까요?'라는 질문을 달면 순식간에 댓글이 달린다. 통계청에서 발표한 평균 사교육 비용이 일반 학원의 한 과목당 수강료 정도의 수준이라는 사실을 쉽게 파악할 수 있다. 만약 주요 과목이라 불리는 국영수를 전부 학원에서 수강한다면? 뒤에 '0' 이 하나 더 붙는 것은 순식간이다.

서울시 강남구가 자체적으로 2017년에 발표한 '강남의 사회 지표'에 따르면 강남구의 가구당 월 평균 사교육비는 약 1백 30만 원이다. 아무리 소득 수준이 높은 부모가 많이 살고 있는 지역이지만 통계청에서 발표한 자료와는 거리가 크다. 그리고 실질적으로 학생과 학부모는 강남구의 발표 자료에 더 공감을 한다.

필자가 근무하는 회사의 강의를 듣는 학생들이 사용하는 게시판을 보면 학원을 다니지 않는 학생을 발견하기가 쉽지 않다. 대한민국의 중학생은 학원을 다닌다. 그리고 학원을 다니지 않는 학생은 있어도 학원에서 한 과목만 배우는 학생은 없다. 실제로 어느정도 돈이 있어야 사교육을 받을 수 있는 시대를 우리는 살고 있다.

이제 정말 금수저가 아니면 공부하기 어려운 세상이 된 것일까? 만약 정말이라면 너무 슬픈 현실이다. 예전에는 개천에서 용이 날 수 있다고 생각하고 공부를 했는데 이제는 쉽지만은 않은 일이 됐다. 그렇다고 여기서 포기할 수 없지 않은가! 이럴수록 최소 비용으로 사교육을 받아 성적을 올릴 수 있는 부분을 더 찾아내야 한다.

2017년 현재, 가장 경제적인 공부 채널은 '인터넷 강의'다. 그래서 앞으로 '인강'을 활용해 최소 비용으로 최고의 효과를 내는 법을 2장에서 살펴볼 것이다. 비싼 사교육에 현혹되어서는 안 된다. 똑같은 품질의 제품을 갖다 놓고 브랜드만 다르게 붙이면 가격은 달라진다. 아직도 많은 학부모와 학생들은 비싼 사교육에는 다 이유가 있을 것이라 생각을 갖고 있다. 인강을 꺼려하는 이유는 분명하다. 학부모는 눈앞에 선생님이 없는

가운데 자녀가 집중해서 공부할 것이라 믿지 못하고 학생들은 스스로 혼자 공부해야 하는 부분에 대한 부담감을 느낀다. 하지만 얼마나 안타까운 일인가? 효율적인 공부 채널임에도 불구하고 시작해 보지도 않고 걱정 때문에 쉽사리 선택하지 못한다.

사교육을 받기 전에 충분한 준비만 되어 있다면 공부 채널의 비용 차이는 성적 차이를 가져오지 못한다. 고액이든, 저렴한 사교육이든 사교육을 받기 전 준비 상황에 따라 효과는 달라진다. 충분히 경제적으로 사교육을 활용해서 성적을 올릴 수 있다. '비싼 사교육이 효율이 더 좋다'라는 생각에 얽매여 있지 말자.

사교육을 통한 성적 향상 = 의지 + 집중력 + 학습법

사교육을 받는데도 성적이 오르지 않는 학생은 크게 3가지로 분류가 가능하다.

1. 사교육을 받는 이유를 정확히 모르는 경우 : 공부를 본인 스스로 우러나서 하지 않는다. 공부하려는 '의지'가 없는 것이 가장 큰 문제이다.

2. 계속 공부를 했는데 기억에 남는 내용이 없는 경우 : 심지어 이런 학생 중에는 머리가 좋은 학생들도 꽤 된다. 머리가 좋아 약간만 공부해도 성적을 올릴 수 있고 실제로 공부를 하려는 의지는 있으나 '집중'해서 공부하는 방법을 모른다.

3. 의지도 충만하고 공부도 열심히 하는 경우 : 목표가 있고 공부하는 시간도 충분하다. 하지만 성적은 오르지 않는다. 그렇다면 '학습법'이 없는 상태에서 자기 마음대로 공부하기 때문이다.

생각보다 우리 중학생들이 '의지, 집중력, 학습법' 중에 한 가지 이상 부분에 뛰어난 역량을 보유한 경우가 많다. 그래서 더 고민한다. '나는 이 부분이 이렇게 뛰어난데 왜 성적이 오르지 않는 거지?' 안타깝지만 위의 3가지 조건이 맞물려서 돌아가지 않으면 사교육을 통해 성적 향상을 이루는 것은 쉽지 않다. 즉, 사교육을 학생 스스로 받으려는 의지가 있고 집중해서 공부를 하며 본인에게 맞는 학습법을 활용하는 3박자를 갖춰야 사교육을 통한 성적 향상이 가능하다.

사교육에 본인의 공부를 맡기는 학생들이 있는데 큰 잘못이다. 사교육이야말로 학생 스스로 학습 과정을 이끌어 나가는 능력이 필요하다. 사교육을 받기 시작한 후에 공부를 열심히 하기 시작하면 이미 늦다. 사교육을 시작하는 것보다 위의 세 가지 조건을 연습을 통해 습득하는 과정이 선행되어야 한다. 절대 준비 없는 사교육은 성적을 올리지 못한다. 이제 본격적으로 사교육을 시작하기 전에 '의지+집중력+학습법'의 3박자를 준비하는 과정을 살펴보자.

공부를 시작하게 만드는 의지

나는 공부하는 이유가 있나?

　요즘 취업난이 심각한 현실은 중학생들도 알고 있다. 사실 요즘이 아니라 아마 중학생들이 뉴스를 보기 시작한 때부터 듣고 있을 수도 있다. 실제로 옆집 형이 서울 4년제 대학을 졸업하고도 취직을 못해서 아직도 학원을 다니며 토익 공부를 하는 모습이 심심찮게 발견된다. 중학생들이 벌써 공무원이나 대기업 회사원처럼 안정된 직장을 희망한다. 본인이 원하는 삶은 세계를 여행하면서 여러 사람들을 만나는 일을 하고 싶은데도 '헬조선'에서 살아남기 위해서는 어쩔 수 없는 선택을 한다. SKY대는 이제 금수저가 아니면 들어가기 힘들다는 주변의 이야기도 우리 학생들을 더 힘 빠지게 만든다. 공부에 대한 회의감이 들기 딱 좋은 시국이다.

　공부를 열심히 해도 제대로 된 직장에 취직하기도 힘든 대한민국에서 '나는 왜 공부를 할까?' 혹시, 마음 속으로는 '공부하기가 너무 싫다. 학원도 엄마 때문에 다니는 거다. 어른들을 보면 학교에서 배운 내용을 생활에서 사용하는 사람은 아무도 없는 것 같다. 그런데 공부를 왜 해야 하지?'라고 생각하면서 억지로 사교육을 받고 학교를 가고 있지는 않나?

공부를 하고 싶은 마음이 없는 상태에서 사교육을 시작하는 것은 역효과를 가져올 뿐이다. 본인이 공부를 하고 싶은 '의지'가 있어야 사교육도 하는 이유가 생긴다.

공부를 하고자 하는 의지라고 해서 모두 긍정적인 것은 아니다. 자신이 원하는 목표를 이루기 위해 스스로 공부를 하고자 마음을 먹을 수 있는 '능동적 의지'가 우리에겐 필요하다. 본인이 직접 공부를 하는 이유를 알기 때문에 실제로 누군가의 강요 없이도 학습을 지속할 수 있게 만들어 준다. 반면에 '수동적 의지'는 공부 이외의 부분으로 인해 유발되는 학습 동기다. 공부에 대한 흥미보다 공부를 통해 무언가를 얻을 수 있는 부분에 관심을 갖기 때문에 보상이 없어지면 공부를 하고자 하는 의지도 같이 사그라진다. 사교육을 수동적 의지로 인해 시작할 수도 있지만 궁극적으로는 능동적 의지가 없다면 공부에 대한 흥미를 잃고 성적 역시 떨어질 수밖에 없다.

대한민국 학생들의 삶을 살펴보자. 초등학교 때부터 능동적 의지가 없는 상태에서 엄마의 손에 이끌려 학교가 끝나면 학원을 간다. 대부분 본인들의 꿈이나 재능을 키우기 위해서 다니는 것이 아니다. 선행 학습을 통해 학교 성적을 높이기 위해 다닌다. 학원을 다니는데도 성적이 오르지 않으면 어떻게 되는가? 명문대 형, 누나가 직접 찾아와 비싼 돈을 받고 공부를 알려 준다. 사교육의 연속이다. 본인이 원하지 않는 학습 환경 속에서 공부에 대한 의욕이 얼마나 늘어날까? 그저 부모님이 시켜서 마지못해 할 뿐이다. 여기서 부모는 공부를 하지 않는 자녀를 보며 어쩔 수 없이 제안을 한다. 이번 시험 성적이 올라가면 원하는 브랜드의 운동화를 사주겠다며 자녀의 수동적 의지를 높여 준다. 이를 위해 순간적으로 열심히 공부하는 자녀를 보면 뿌듯하기도 하지만 시험이 끝나면 모든 것은 다시 제자리로 돌아온다.

지금 당장 공부하는 이유를 모를 수도 있다. 공부를 하다가 슬럼프가 찾아왔을 수도 있다. 학원에 과외에 충분히 지칠 수도 있다. '지금 내가 왜 이렇게 공부를 해야 하지?'라는 생각이 들 수도 있다. 하지만 지금 힘들다고 포기하면 아무것도 해결되지 않는다. 아직 공부를 해야 하는 이유를 몰라서 의지가 생기지 않는다면 지금부터 같이 찾아보자.

4차 산업혁명이 시작되면 공부하지 않아도 될까?

2017년 생각지도 못했던 조기 대선을 치르면서 유행어처럼 사람들이 많이 쓰는 단어가 있다. '4차 산업혁명'이다. 대선 후보 중 한 명이 토론회에서 유독 언급을 많이 하며 자연스럽게 4차 산업혁명이 무엇인지 정확히 몰라도 관심을 갖는 단어가 된 것은 분명한 것 같다.

4차 산업혁명의 시대에는 직업에 대한 의미가 지금과는 달라진다. 한 회사를 30년간 근속했다는 이야기는 지금의 중학생들이 사회에 진출하면 실화냐며 놀라워할 전설 같은 이야기가 될 것이다. 2016년 다보스 세계경제포럼WFF의 '일자리 미래 보고서'에 따르면 현재 초등학생의 65%는 현재 존재하지 않는 직업에 종사하며 일생 동안 3개 이상의 영역에서 5개 이상의 직업을 갖고 19개 이상의 서로 다른 직무를 경험하게 된다고 한다. 지금처럼 철밥통이라 불리는 공무원을 꿈꾸며 열심히 공시를 준비하는 모습이 사라질 수밖에 없는 세계가 오는 것이다. 인간을 대신할 수 있는 인공지능 기술이 성장하고 로봇이 업무를 대체하면서 사람이 할 수 있는 일자리가 70%까지 줄어든다는 뉴스도 보도되었다.

이에 따라, 사교육 시장에도 변화의 바람이 불고 있다. 그 중심에는 '코딩 교육'이 있다. 당장 2018년부터 중학생과 고등학생은 코딩 교육을 의무적으로 받아야 한다. 일부 선진국에서는 이미 시행하고 있기도 하고 미래 먹거리 산업의 주춧돌 역할을 할 것으로 예상되는 코딩 교육의 의무화는 반길 일이다. 컴퓨터 언어를 통해 프로그램을 만드는 기술은 4차 산업혁명을 앞두고 문제 해결 능력 및 창의력을 기를 수 있는 좋은 기회다.

하지만 벌써부터 부작용도 보인다. 우리나라 사교육 시장이 어떠한 곳인가? 이미 학원에서는 코딩 선행 학습을 열심히 시행 중이다. 실제로 학교에서 어떠한 방식으로 코딩 교육을 진행하게 될지 알 수 없으나 이미 학원들은 불안 마케팅을 통해 지금이 학원에 다닐 적기라고 광고하고 있다. 하지만 현실은 코딩 교육을 받는 학생 수에 비해 가르쳐야 할 전문 교사가 턱없이 부족한 수준이다.

이와 같이, 4차 산업혁명으로 인해 변화는 분명히 생기고 있고 앞으로 더 많이 생길 것이다. 학생과 학부모 모두 혼란스러울 수밖에 없다. '어떻게 대비를 해야 하고 우리 자녀들이 무엇을 준비해야 할지' 누구도 명확하게 장담할 수 없는 시기가 왔다.

대한민국의 교육 흐름은 수십 년 동안 큰 변화가 없었다. 원하는 대학을 가기 위해서 열심히 공부를 하고 집안 형편이 되는 대로 사교육을 받고 대학을 가서는 대기업에 취직하기 위해 노력했다. 누구나 원하는 단계였고 일정 부분 정형화되어 있었다. 그런데 이제 변화가 다가오고 있다. 지금처럼 학교 지필고사에서 높은 점수를 받고 교과서를 달달 외워서 좋은 성적을 받는 시대는 끝날 것으로 보인다.

우리 자녀가 부모가 되는 시기에는 또 한 번 세상이 바뀐다. 인공 지능을 활용한 업무가 진행되고 아직은 낯선 사물 인터넷IoT을 실생활에서 직접 사용하고 있을 가능성이 높다. 새로운 세상이 열리면 새로운 직업이 생긴다. 지금의 중학생들이 세상에 나오면 취업난은 더 혹독해질 가능성이 있다. 엄마들은 생각한다. '어차피 좋은 대학을 나와서 고스펙을 쌓아도 내 자녀가 취업하는 시기에 과연 도움이 될까? 지금 하는 공부가 의미가 있을까?'

하지만 공부의 방식이 변할지는 몰라도 대학의 서열화가 붕괴되지 않는 이상, 사교육 시장은 계속 커질 것이고 그 안에서 학생들은 계속 경쟁해야 한다. 마치 공부를 하지 않아도 되는 세상이 오는 걸로 착각하는 현상이 있는데 일자리가 줄어들면 경쟁은 더욱 치열해질 것이다.

또한, 지금의 중학생이 사회 초년생이 되는 시점에는 세상이 그렇게 크게 바뀌지 못한다. 본격적인 4차 산업혁명 시절이 아닌 막 넘어가고 있는 과도기를 살아갈 가능성이 높다. 또한, 회사에서도 생각보다 인공지능을 활용한 업무의 비용적 부담이 크다면 다시 로봇을 대체할 수 있는 사람을 찾을 수도 있다. 코딩 교육이 의무화되었지만 컴퓨터 프로그래밍 역시 사람이 아닌 로봇이 충분히 대체할 수 있다. 코딩 교육을 무조건적으로 맹신하면 안 된다. 본인이 하고 싶은 공부를 꾸준히 하여 전문 분야를 만드는 것이 핵심이다. 나라에서 의무화시켰다고 해서 그 교육에만 목매달아서는 안 된다.

진정으로 4차 산업혁명 시대에 대비를 하기 위해 필요한 공부는 '문제에 대한 해답을 찾는 연습'이다. 무조건적으로 코딩에 전념을 하는 것이 아니라 비판적 사고와 창의력을 통해 답을 찾는 과정을 컴퓨터 프로그래밍에 적용하는 연습이 필요하다. 대상이 무엇이든 우리는 공부해야 한다.

4차 산업혁명이 오면 로봇만 믿고 있으면 될까? 로봇이 할 수 없는 분야인 토론을 통해 논리적으로 문제를 해결하는 공부를 해야 하고 특정 현상에 대해 창의적으로 분석하는 공부를 해야 한다. 더 많이 책을 읽고 더 많이 본인의 생각을 세상에 펼치는 연습이 필요하다. 이런 연습은 학원에서 배우는 것이 아니라 스스로 문제를 발견하고 그에 알맞은 답을 찾아서 적용시키는 경험을 통해 할 수 있다. 로봇을 조종할 것인가? 로봇에게 조종당할 것인가? 순전히 우리의 손에 달려 있다. 지금까지 하던 공부의 종류와 방법에 변화가 생기는 것이지 공부 자체는 변하지 않는다.

꿈이 연예인, 운동선수여도 공부는 필요하다

요즘 많은 학생들이 연예인이나 운동선수를 꿈꾼다. 그래서 본인의 꿈을 달성하는 데 공부가 필요 없다고 생각하는 학생들이 많다. 물론 공부가 본인의 꿈을 이루는 절대적인 방법은 아니다. 공부를 하지 않아도 성공할 수 있다.

하지만 확실히 말할 수 있는 부분은 어떤 직업이든 공부하지 않으면 안 된다는 점이다. 대한민국에서 아이돌 가수로 성공하기 위해서는 어떤 점이 필요할까? 요즘은 초등학생부터 연습생 생활을 시작한다. 쉬는 날 없이 연습하고 사생활을 포기해야 하기 때문에 친구들과 학교 앞에서 떡볶이를 같이 먹을 시간조차 없다. 이 중 대중들의 기억 속에 남는 팀은 1년에 3~4팀도 안 된다. 이런 상황에서 살아남으려면? 끊임없이 자신의 노래 실력을 향상시키고 춤 연습을 향상시키기 위한 공부가 필요하다. 책을 펴 놓고 책상 앞에 앉아 있지 않는 것뿐이지 본인이 좋아하는 스타를 연구하고 자신만의 스타일을 공부해야 한다. 학원을 다니는 친구보다 수학 점수가 낮을 수는 있지만 이 또한 공부다.

대한민국의 자랑인 피겨 스케이팅 김연아 선수는 공부를 하지 않았을까? 아니다. 본인의 롤모델인 '피겨의 전설' 미셸 콴의 경기 영상을 녹화해서 틈만 나면 보고 그녀를 모방하기 위해서 손동작 하나까지 연구하고 공부했다.

공부에 대한 개념을 책상 앞에 앉아 책을 보는 행위로 단정짓는 경우가 많다. 이는 대한민국 중학생이 내신 성적을 올리는 데 급급하기 때문에 벌어지는 생각의 제한이다. 본인의 꿈이 무엇이든 꿈을 이루는 과정 속에서 공부는 필수 요소다.

어떠한가? 나의 꿈을 위해 정말 공부가 없다고 아직도 생각이 드는가? 내가 앞으로 진출하고 싶은 분야에서 성공한 사람들을 살펴보자. 종류만 다를 뿐이지 그 누구도 공부하지 않은 사람이 없다. 큰 성공을 거둔 사람일수록 더 많은 시간을 연구하고 투자했다는 점을 발견할 수 있다.

학습 의지 만들기 1단계 : 꿈을 이루는 가장 빠른 방법이 '공부'다

대한민국 역사상, 최고의 실학자로 손꼽히는 사람은 정약용 선생님이다. 18세기 실학사상을 집대성하며 독자적인 철학 기반을 체계적으로 정리하였다. 워낙 뛰어난 업적을 실학자로서 남겼기에 우리는 '실학자'라는 하나의 단어로 기억하지만 그는 유학, 과학, 천문, 역상 등 분야에도 매우 뛰어난 역량을 보였다. 정약용이 단순히 학문에 뛰어난 역량을 가졌기 때문에 최고의 실학자가 될 수 있었던 것은 아니다. 정약용의 꿈은 부국강병이었다. 부국강병을 위해 필요한 학문을 공부하다 보니 수학과 과학에 관한 지식을 쌓았고, 이를 통해 나라가 나아가야 할 방향을 제시

했다. 본인이 목표를 이루기 위해 무엇을 공부할지 스스로 명확히 알고 있었기에 본인의 능력을 발휘할 수 있었고 아직까지도 최고의 실학자로 칭송받고 있다.

수학이 살아가면서 무슨 도움이 되냐고 묻는 학생들이 많다. 하지만 수학은 단순히 숫자 문제를 푸는 계산 연습이 아니다. 수학을 공부하는 가장 큰 목적은 어려운 수학 문제를 풀면서 창의력과 사고력을 신장시키는 것이다. 언뜻 생각하면 부국강병과 수학도 연계성이 없어 보인다. 다산 정약용 선생님이 만약 부국강병을 이루는 과정에서 단편적인 생각만으로 수학을 공부하지 않았다면 어땠을까? 꿈을 이루기 위한 과정에서 우리는 더욱더 필요한 공부를 찾아나서야 한다.

사교육을 통해 성적을 올리려면 첫 번째로 '공부를 하려는 의지'가 우선적으로 있어야 한다. 강제로 학원에 앉아 있는다고 성적이 오르지 않는다. 공부를 해야 하는 이유를 찾았다면 공부에 대한 의지가 높아지겠지만 도저히 공부를 해야 하는 이유를 찾지 못하는 학생들도 많다.

그렇다면, 생각해 보자. 혹시, '꿈'이 없지는 않은가? 꿈이 없으면 목표를 이루기 위해 무슨 공부를 어떻게 해야 하는지 생각할 기회조차 없게 된다. 꿈이 있으면 꿈을 이루기 위한 공부를 하고 이를 통해 꿈을 최단기간에 이룰 수 있다.

단순히 학교 시험을 잘 보기 위해서 공부를 하고 사교육을 받는다면 그냥 성적의 노예와 다를 바 없다. 나의 꿈에 대해 상상해 보고 앞으로 무슨 일을 하고 싶은지 생각해 보자. 앞으로 5년 후, 10년 후에 자신의 모습을 그려 보자. 꿈이 분명하게 있다면 그 꿈을 이루기 위해 해야 할 일이 생긴다.

꿈은 떨어진 학습 의욕을 높여 준다. 정약용 선생님의 최종 목표는 '부국강병'이었다. 그래서 이를 이루기 위해 필요한 공부를 스스로 찾을 수 있었다. 성공한 사람들의 공통점은 학과 성적을 위해 공부를 하지 않고 '꿈을 이루기 위해서' 공부를 했다는 점이다. 지금 성적으로 갈 수 있는 대학교와 학과를 찾는 것보다 내 꿈을 이루기 위해 어느 대학교와 학과를 가야 할지 생각해 보자. 자신이 잘하는 분야와 주변에서 잘한다고 칭찬하는 분야가 무엇인지부터 생각해 보고 자신의 흥미와 재능이 일치하는지도 판단해 보자.

그런데 꿈이 없을 수도 있다. 많은 중학생들이 간절한 꿈이 없는 것이 사실이다. 또한 꿈을 어떻게 정해야 할지, 앞으로의 목표를 무엇으로 잡아야 할지도 막막해하는 학생들이 많다.

학습 의지 만들기 2단계 : 꿈을 찾아가자

본인이 현재 꿈이 없다면 우선, 자기 자신에 대해 객관적으로 살펴보자. 앞으로 어떠한 삶을 살고 싶은가? 외국에 나가서 살고 싶을 수도 있고 좋아하는 연예인처럼 살고 싶을 수도 있다. 그렇다면 나는 무엇을 어떻게 해야 할까? 꿈을 찾는 과정은 자기 자신에 대해 한번 되돌아보는 기회도 된다.

인생은 길지 않다. 꿈도 없이 자신의 적성과 성향까지 모른다면 빨리 흘러가는 시간 속에서 너무 서글프지 않을까? 이왕이면 본인의 장점을 파악하여 발전시킨다면 자신의 꿈을 이루는 시간을 단축시킬 수 있다.

현실 속에서 꿈을 찾을 여유가 없어서 꿈이 없을 수도 있다. 당장 학교에서 시험도 봐야 하고 고등학교도 가야 하고 내가 지금까지 이렇게 열심히 공부하는 이유라고도 할 수 있는 수능시험도 봐야 한다. 그런데 시간은 우리를 기다려 주지 않는다. 꿈을 찾는 과정을 계속 뒤로 미루면 어느새 학창 시절은 끝나고 세상에 나와서 돈을 벌고 있는 나를 발견하게 된다. 나의 꿈은 무엇인가? 나의 꿈은 코미디언인데 지금 대기업 경영 지원 부서에 원서를 쓰고 있다. 이상한가? 그런데 회사에 들어와서 보면 처음부터 꿈이 회사원이었던 사람은 거의 없다. 이런 경우가 비일비재하다.

나이가 어릴수록 기회는 많고 꿈도 크게 가질 수 있다. 꿈을 찾고 이루기 위해 노력한다면 내가 지금 무엇에 전력투구를 해야 할지 알 수 있다. 막막함과 불안감 속에만 있지 말자.

지금 한번 스스로에게 물어보자. '나는 무엇을 좋아하는가', '다른 사람들이 나의 장점으로 무엇을 말하는가', '어떤 사람을 보면 존경심이 드나' 등의 질문을 스스로에게 물어보고 답을 써내려 가 보자. 명확하게 답할 수 있다면 더할 나위 없이 좋고 비록 답을 못해도 괜찮다. 답을 조금 늦게 알면 또 어떠한가? 꿈을 찾는 과정이다. 이 자체가 행복한 일이다.

꿈을 너무 거창하게만 생각하지 말자. 우리의 생활 속에서 우연히 꿈을 만날 수도 있다. 자신이 좋아하는 분야나 취미가 있다면 꿈을 찾기 쉬워진다. 좋아하면 관심이 가고 관심이 가면 공부를 하게 된다. 이는 어느새 자신의 꿈으로까지 발전할 수 있다.

본인이 꿈을 스스로 찾는 경우가 가장 이상적이지만 갑작스럽게 나에게 다가올 수도 있다. 그럴 때는 너무 꿈에 대해 심각하게 오랜 시간 고민해야 한다는 생각을 버리자.

영화를 보다가 영화감독을 꿈꿀 수도 있고 배우를 장래 희망으로 삼을 수도 있다. 그리고 꿈을 이루기 위해 연극영화과에 진학하겠다는 목표를 갖고 이를 위해 연출 또는 연기 관련 학원을 다니거나 연극 동아리를 시작할 수도 있다. 영화감독은 시나리오 전체를 하나의 주제로 묶을 수 있는 사고력이 필요하기 때문에 사고력 증진을 위한 공부에 좀 더 집중하겠다는 계획을 세울 수도 있다. 그 전에는 부모님의 눈치를 보며 공부했다면 꿈은 본인에게 필요한 부분이 공부가 무엇인지 알려 주는 기능을 한다.

(누군가의 강요와 억압에 의해 읽고 있는 상황이 아니라면) 중학생이 이 책을 읽고 있다는 자체에서 독서에 관심이 많을 가능성이 높다. 독서라는 단어에 하나만 해도 연관된 직업이 참으로 많다. 책에 직접 글을 쓰는 작가, 책에 그림을 그리는 일러스트레이터, 쓴 책을 직접 만드는 제작자, 만들어진 책을 대중에게 알려 주는 마케터 등의 직업이 연관되어 있다.

본인의 평소 관심을 갖는 분야와 관련된 직업들은 의외로 많다. 꿈이 꼭 오랜 시간 동안 이것저것 많은 고민 끝에 정해지는 것은 아니다. 일상 생활 속에서 나도 모르게 만들어질 수도 있다. 여러 생각과 자기를 되돌아보는 시간을 통해 꿈을 찾고 실제로 이루기 위한 실천 방안을 살펴보자.

학습 의지 만들기 3단계 : 목표에만 집중하자

투자의 귀재라 불리는 20세기를 대표하는 미국의 사업가 워렌 버핏에겐 플린트라는 개인 조종사가 있었다. 워렌 버핏은 본인과 점심을 먹는 이벤트를 꾸준히 진행하는데 참여 비용이 최소 20억이다. 플린트는 개인 조종사인 덕분에 전혀 금전적인 관계 없이 점심을 먹을 수 있는데 그들 간에 유명한 일화가 있다.

어느 날, 플린트가 자신의 커리어와 목표에 대해 버핏과 이야기를 나누고 있었다. 버핏이 물었다.

"자네는 목표가 무엇인가? 가장 중요한 25가지를 적어 보게"

플린트는 버핏의 질문에 오랜 고민 끝에 25가지의 목표를 적었다. 버핏은 다시 말했다.

"25가지를 적었으면 이제 그 중에서 가장 중요한 5가지 목표에 동그라미를 쳐 보게."

플린트는 가장 중요한 5개에 동그라미를 쳤다. 가장 중요한 5가지 목표와 덜 중요한 20가지 목표로 구성된 목록을 보며 플린트는 말했다.

"이제 제가 달성해야 할 일이 무엇인지 알겠습니다. 가장 중요한 목표 5가지에 집중하겠습니다."

그러자 버핏이 되물었다. "그럼 동그라미 치지 않은 나머지 목표들은 어떻게 할 것인가?"

플린트가 대답했다. "제가 동그라미 친 5가지 목표야말로 집중할 목표들입니다. 5가지 목표에 제가 가진 시간의 대부분을 투자하고 나머지 20가지는 틈틈이 노력해서 이루겠습니다."

그러자 버핏이 대답한다.

"그게 아니야. 자네는 지금 실수를 하고 있는 거야. 동그라미를 친 5가지 목표 외에 목표들은 어떻게든 버려야 할, 다시 말해 피해야 할 목표들이야. 자네가 중요하다고 생각하는 5가지 목표를 전부 달성하기 전까지 나머지 20가지 목표들에 대해서는 절대 어떤 관심과 노력도 기울여선 안 되네."

단순하게 꿈을 이루기 위해 목표를 여러 개 만들어서 지키면 된다고 생각하는 친구들이 있다. 많은 꿈과 목표가 나쁜 것은 아니지만 하나의 목표보다 달성하기는 어렵다. '너는 목표가 그것 밖에 없니?'라고 말하는 사람이 있을 수도 있다. 남의 기준이나 인정에 대해 신경 쓰지 말자. 목표의 수가 중요한 것이 아니다. 본인이 진정으로 이루고자 하는 목표를 명확하게 세우고 몰입하는 자세가 중요하다.

꿈을 이루려면 위의 이야기처럼 본인이 동그라미를 친 목표를 달성하는 과정이 필요하다. 하나의 동그라미가 완성될수록 스스로 재미와 만족감을 느끼게 될 것이다. 목표는 한 방향을 유지해야 한다. 이 방향 저 방향으로 흩어지면 결국 방향을 잃을 수도 있다.

명확한 자신의 꿈과 목표가 있다면 이를 이루기 위해 공부하는 이유가 생긴다. 일반적으로 공부에 의지가 없는 학생들은 자신의 미래에 대한 꿈과 목표 역시 막연하거나 생각해 보지 않은 경우가 많다. 혹시 '좋은 대학을 가려면 열심히 공부해야지'라고 막연한 생각을 하고 있지는 않은가? 삶의 목표를 스스로 세우고 인생의 꿈이 있는 학생들은 자신이 공부하는 이유를 파악하고 있다. 그 목표를 이루기 위해 자신이 어떤 준비를 해야 하는지 알기 때문에 본인이 스스로 해야 할 공부를 선택한다.

이 세상 모든 스포츠는 끝이 있다. 육상과 수영은 거리가 정해져 있고 축구와 농구는 시간이 정해져 있다. 그래서 다른 선수보다 정해진 거리를 먼저 도착해야 하는 목표가 있고 정해진 시간 안에 골을 많이 넣어야 하는 목표를 가질 수 있다. 만약 그 누구도 끝을 모른다면 어떨까? 선수는 물론이고 방송을 지켜보는 시청자도 끝을 모르는 게임에 지칠 것이다.

목표가 있어야 도착 지점도 보인다. 목표를 이루는 과정에 몰입하여 빨리 도착하기 위해 노력해야 본인도 지치지 않을 수 있다. 골인 지점이 정해지면 어떤 공부 채널을 통해 무슨 과목을 집중적으로 공부하고 어떤 직업의 체험이 필요한지 정하는 과정도 수월해진다. 나의 지금 활동이 목표 달성에 어떠한 영향을 미칠지 생각할 수 있고 안주하는 자세가 아닌 도전하는 자세로 본인의 꿈에 다가갈 수 있다.

단순히 오랜 시간 학원 책상 앞에 앉아 있는다고 꿈은 이루어지지 않는다. 꿈을 이루기 위한 목표를 세웠다면 그 목표만 쳐다보며 전력투구 해보자. 넘어져도 앞으로 나아가기만 한다면 골인 지점은 가까워질 수밖에 없다.

학습 의지 만들기 4단계 : 단계별로 목표를 달성하자

목표를 세우는 목표는 단 하나다. 목표를 이루기 위해서다. 꿈을 이룰 수 있는 목표가 필요하다. 그렇다면 목표 달성은 어떻게 해야 할까?

먼저 꿈을 정하고 이루기 위한 단계별 목표를 설정하자. 한 번에 최종 목표를 달성하기 위한 계획을 세우기는 어렵다. 단계별로 목표를 세분화시키는 작업을 통해 목표를 점진적으로 달성해 나갈 수 있는 방안이 필요하다. 아래의 예시를 살펴보자.

인기와 부를 축적할 수 있는 인강 1타 강사는 새로운 학생들의 선호 직업으로 급부상했다. 1타 강사를 꿈으로 설정하고 이를 이루기 위한 단계별 목표를 세워 보자.

우선, 어떤 과목의 강사가 될지 정해야 한다. 대한민국에서 언제나 핫한 과목인 '영어'를 선택한다. 이를 위한 전문적인 지식과 스펙을 쌓기 위해 국내 최고의 대학교와 대학원에서 영어영문학을 전공하기로 마음먹는다. 명문대를 가기 위해서는 높은 내신 등급과 수능 점수가 필수다. 영어의 강점을 살릴 수 있는 외고에 진학하기로 한다. 외고를 목표로 오늘부터 영어 심화 학습을 시작하고 텝스 공부도 병행하기로 했다. 그리고 영어 토론 동아리에 가입해 실생활에서 꾸준히 영어를 접하도록 한다. 도식으로 표현하면 아래와 같다.

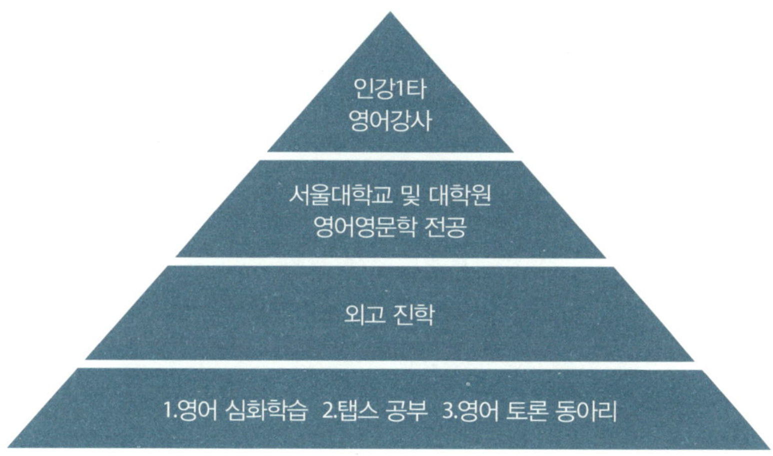

'하버드대학교'와 관련한 유명한 설문 조사 결과가 있다. 1979년에 하버드대학교 경영대학원 졸업생을 대상으로 '명확한 장래 목표와 그것을 성취할 계획이 있는가?'에 대한 질문에 졸업생의 3%만이 목표와 계획을 세우고 있으며 이를 기록해 두었다고 응답했다. 또한, 13%는 목표는 있으나 이를 기록해 두지 않았다고 응답했다. 그리고 나머지 84%는 휴가 이외에는 아무런 계획을 세우지 않았다고 대답했다.

그로부터 10년 후인 1989년, 연구자들은 10년 전의 졸업생을 대상으로 다시 한 번 조사를 실시한다. 목표는 있었지만 기록하지 않았던 13%의 학생은 목표가 전혀 없었던 84%의 학생들에 비해 평균 수입이 두 배 이상이었다. 또한, 명확한 목표와 계획을 세우고 그것을 구체적으로 기록했던 3%의 졸업생들은 84%의 졸업생보다 소득이 평균 열 배 정도 높았다.

참고로 이들 집단 간에 학력이나 능력의 차이는 발견되지 않았다. 다만, 차이점은 '목표의 유무'였다. 세계에서 가장 두뇌가 명석하다고 불리는 하버드대의 대학원생마저 명확한 목표의 차이에 따라 그들의 미래가 결정됐다.

꿈을 이루기 위한 단계별 목표 달성은 3가지 효과를 가져 온다

첫째, 목표를 이루기 위한 계획에 의해 행동하며 꿈을 이룰 수 있다는 긍정적인 마음을 만들어 준다.

둘째, 목표를 달성하기 위한 행동의 제어를 통해 불필요한 시간의 낭비를 줄일 수 있다.

셋째, 꿈을 찾아가는 과정 속에서 사소한 어려움을 이겨 낼 수 있도록 인내심을 만들어 준다.

반드시 학습 의지가 올라가는 법

1. 공부의 장점을 잊지 말자

공부를 통해 꿈을 이룰 수 있다. 저비용 고효율의 자기 계발 수단이다. 대부분의 성공의 기본 조건에는 공부가 있다. 한 과목에서 성적 상승을 직접 경험하면 다른 과목에도 나비 효과가 일어난다.

2. 나의 목표를 갖고 다녀라

기운이 빠지거나 힘들 때 나의 목표를 다시 한 번 읽어 보자. 또한, 잘 보이는 곳에 붙여 놓자. 나의 목표는 내가 자주 볼수록 좋다. 나의 목표와 친해지도록 하자.

3. 나의 목표를 알려라

다이어트에 성공하기 위해서도 나의 목표를 혼자만 알고 있는 것보다 다른 사람들과 공유하는 편이 성공할 확률이 높다. 왜? 성공하지 못하면 창피하니까! 사람은 나태해질 수 있다. 이를 미연에 방지하기 위해 나의 목표를 가족, 친구들에게 알리자. SNS를 사용하여 온라인 상에 알려도 좋다. 다른 사람에게 자신의 목표를 말한다는 건 '중도 포기 방지'의 효과가 있다.

4. 스스로 칭찬하자

본인이 정한 목표를 달성하면 스스로에게 상을 주자. 그 다음 날 게임을 마음 편히 하거나 친구들을 만나서 영화도 좀 보자. 절대 불필요한 시간이 아니다. 학습 의지를 높일 수 있는 하나의 방법이다.

5. 쉬는 시간을 지키자

24시간 공부만 하지 말자. 오랜 시간 공부하라고 말하지 않는다. 지나친 학습은 몸을 피곤하게 만든다. 몸이 피곤하면 집중력은 떨어지게 마련이고 아무리 좋은 계획도 이런 상황에서는 지켜지기 힘들다. 규칙적인 휴식을 계획에도 넣어 공부 의지를 떨어뜨리지 말자.

6. 대신 계획 완수에 실패했다면?

목표를 달성하면 스스로에게 상을 주지만 목표를 도달하지 못할 경우, 스스로에게 벌을 줄 만큼 자기 자신을 제어하자. TV를 보지 않는다거나 SNS를 일주일간 하지 않는 등의 스스로에 벌을 내릴 수 있는 철저한 자기 통제를 하자.

공부 실력을 향상시키는 집중력

집중력이 없으면 사교육은 시간 낭비다

사교육을 받기 위한 학습 의지가 생성됐다면 그다음으로는 실제로 공부할 수 있는 집중력이 필요하다. 집중력이 없는 학생이 사교육을 시작하면 학원은 앉아서 딴생각하기 딱 좋은 장소가 되며 혼자 공부하는 순간에도 아래와 같은 공부 패턴을 보인다.

책상에는 굉장히 오랫동안 앉아 있지만 책장이 넘어가질 않는다.
→ 공부 관련 자료를 찾기 위해 포털 사이트에 접속했으나 우연하게 좋아하는 아이돌 사진이나 게임의 뉴스 기사를 발견한다. 정말 우연이다.
→ 정말 진심으로 시간을 잠깐 내어 딴짓을 했는데 이미 2시간이 지났다.
→ 드디어 공부를 하기 위해 수학 문제집을 펼치고 한 문제를 푼 순간, 너무 신기하게 온몸이 나른하다.
→ 눈을 떴는데 해가 떠오른다. 오늘은 기필코 공부를 하리라 다짐한다.

대한민국 중학생 중에 특이한 경험을 하는 학생들이 많다. 공부를 하려고 책상에 앉으면 신기하게 생전 보지 않던 뉴스 소식이 궁금하거나 본인도 모르는 사이에 SNS에 사진 3장을 업로드 하는 등 상황이 벌어진다.

학습에 관한 고민 중 가장 많은 비중을 차지하는 주제는 '집중력'이다. 집중력은 사교육을 통해 성적 향상을 가져오는 중요한 요소인데 본인이 제어하기가 쉽지 않다. 왜? 집중력이 부족한 학생들은 공부를 하다가도 본인도 모르게 갑자기 딴생각에 빠지기 때문에 학생 본인은 잘못이 없다고 생각한다. 자신의 의지와 상관없이 벌어지는 일이기 때문이다. 눈은 책을 보고 있는데 내 마음은 PC방이다. 그런데 게임만 하면 집중력이 솔직히 서울시까지는 아니어도 우리 동네 정도에서는 TOP 10 안에 들 것 같다. 이게 대체 무슨 일이란 말인가?

집중력 이 녀석, 생각보다 잡기 어려운 녀석이다. 일반적으로 집중력이란 하나의 단어로 우리는 말하지만 집중력도 종류가 있다. 그 중에서 우리에게 필요한 집중력은 호기심을 통해 일시적으로 집중하는 능력이 아닌 일반적인 상황에서도 지속적으로 집중력을 발휘할 수 있는 '능동적 집중력'이다. 즉, 게임을 하거나 드라마 볼 때 사용되는 집중력과 공부를 할 때, 발휘되는 집중력과 다른 종류다.

능동적 집중력이 없다면 사교육은 돈 낭비다. 느닷없이 학원에 갔다고 집중력이 상승되는 일은 초능력이 있지 않은 이상 불가능하기 때문이다. 그렇다면 게임을 할 때는 집중이 잘 되지만 학원에서는 집중이 되지 않는다면 그냥 게임을 열심히 해서 프로게이머의 길로 나가야 하는 것일까? 그렇진 않다. 집중력을 높이기 위해 우리가 노력할 수 있는 부분이 있기 때문이다.

집중력 높이기 1단계 : 구체적인 계획 세우기

앞의 '의지' 부분에서도 언급한 '꿈을 위한 목표'는 집중력과도 연관된다. 목표 없이 공부를 하다 보면 '내가 지금 이 공부를 왜 하고 있지?'에 대한 의문이 드는 상황을 만나는 때가 있다. 하지만 목표가 있다면 공부를 하는 이유가 생기고 목표를 이루기 위한 계획은 집중력을 높여 준다. 계획은 구체적일수록 좋다. 단순히 '시험을 잘 보기 위해 1시간을 공부하겠다'는 계획보다는 '한 달 동안 매일 밤 9시부터 10시까지 수학 문제를 20개씩 5일 간 풀겠다' 식의 세부적인 계획이 더 효율적이다.

단순히 책상 앞에 앉아 사교육을 받는 시간은 중요하지 않다. 사교육을 오랜 시간 받는다고 성적이 오르지 않기 때문이다. 사교육을 받는 동안의 집중력을 최고치로 높여야 나보다 더 많이 놀면서 성적이 좋은 친구들을 이길 수 있는 발판이 생긴다.

언제까지 무엇을 얼마만큼 끝내겠다는 일일 계획을 세우고 지킬 수 있도록 노력하자. 이를 지키려는 노력이 집중력을 향상시켜 준다. 어느 정도 일일 계획을 완수하는 데 자신이 생겼다면 시간 계획이 아닌 목표 계획을 세우자. 즉, '1시간 공부하기'가 아닌 '20문제 풀기'로 계획을 변경한다. 정해진 분량의 공부가 생각보다 일찍 끝나면 그만큼 다른 과목을 더 공부할 수 있는 효과가 있다.

집중력 높이기 2단계 : 집중하려고 노력하자

대한민국 학생들에게는 이상한 생각이 자리잡고 있다. 학교에서는 집중해서 선생님 말씀 잘 듣고 기본적으로 다른 행동을 하면 안 된다는 생각을 갖고 있으면서도 학원에서는 딴짓을 하고 과외 선생님이 약속이 있어서 오지 못하게 되면 좋아한다. 아빠, 엄마가 밖에서 어렵게 번 돈으로 사교육을 받으면서, 이 무슨 안타까운 일인가! 사교육이야말로 정말 집중해서 공부해서 많은 것을 얻어 내야 한다.

집중력이 떨어지는 이유로 선생님과 학습 환경 핑계를 많이 댄다. 그런데 이 두 가지 상황이야말로 사교육에서 본인이 충분히 개선할 수 있는 부분이다. 선생님은 변경하면 되고 더 좋은 학습 환경을 원한다면 반을 옮겨도 되며 공부 채널 자체를 변경해도 된다. 한 마디로 모두 핑계라는 것이다. 집중력 저하는 원인이 주변에 있지 않다. 본인에게 있다.

'집중이 되지 않는다'라는 표현은 정확하게 말하면 틀린 표현이다. 집중은 스스로 노력해서 '만드는 것'이다. '된다'라는 수동적인 표현의 변명을 하지 말자. 본인이 직접 능동적으로 주변의 영향을 받지 않고 집중력을 기를 수 있다.

집중하기 힘들 때, 쉬는 시간을 갖는 학생이 있는 반면 조용한 곳으로 이동하거나 책을 읽는 학생도 있다. 집중력을 유지하기 위한 노력은 본인이 하기 나름이라는 것이다. 노력하면 높일 수 있다. 집중력은 타고나는 것이 아니라 후천적인 노력에 의해 충분히 높아질 수 있다.

집중력 높이기 3단계 : 집중력 저해 요소를 차단하자

주변 환경이 무슨 성적에 영향을 미치냐고 이야기하는 부모들이 있다. 그런데 미친다. 집중력은 환경의 영향을 받는다. 엄마가 거실에서 전화 통화를 큰 소리로 하면서 아이는 방에서 초 집중 상태로 공부하기를 바란다면 엄마는 너무나 욕심쟁이다. 학원을 아무리 열심히 다녀도 집에 와서 복습하는데 주변 환경이 집중력을 떨어뜨리는 요소로 가득 차 있다면 사교육의 효율은 떨어질 수밖에 없다.

집중을 방해하는 주변 요소를 차단하는 연습을 하자. 한번 본인의 행동을 잘 되돌아 보자. 오늘 공부를 하는 도중에 딴짓을 하지는 않았나? 휴대전화로 계속 친구한테 온 메시지를 확인했을 수도 있고 이어폰을 꽂고 공부하느라 노래에 정신이 팔렸을 수도 있다. 바로 그 부분을 내일은 한 번 하지 말아 보자. 그리고 오늘 공부하고 싶은 과목을 공부해 보자. 숙제 때문에도 아니고 누군가의 강요도 없는 본인이 하고 싶은 공부 말이다. 그리고 몇 시까지 얼마만큼의 공부를 할지 정하자. 마지막으로 본인이 생각한 오늘의 목표를 달성했다면 아무 생각 없이 자유 시간을 갖자. 그리고 이 과정을 내일 똑같이 반복해 보자.

물리적인 요소도 살펴보자. 중3 배용민 학생은 학교와 학원에서는 집중을 잘하는데 집에만 오면 집중력이 급격하게 저하됐다. 장소에 따라 변하는 본인의 집중력에 대해 고민하던 중 자신의 공부방이 차도 쪽이라는 점을 생각하여 안쪽에 위치한 동생의 방으로 공부방을 옮겼다. 또한, 자신이 침대에서 휴식을 취한다는 사실을 깨달았다. 침대에서 쉬다 보니 조금 더 누워 있고 싶은 마음이 생기고 이로 인해 휴대전화를 들여다보는 시간도 길어졌다. 그래서 과감히 방에서 침대를 없앴다. 집중력을 방해하는 요소를 스스로 제거하니 집에서도 집중을 할 수 있게 되며 성적도 상승 곡선을 그리게 됐다.

정말 집에서 도저히 집중을 하지 못하는 타입이라면 깔끔하게 집이 아닌 공간에서 공부하자. 아무래도 집에 오면 나태해지기 쉽다. 대신 혼자 공부하자. 친구들하고 같이 다니면 독서실 가는 길이 PC 방 가는 길이 된다. 혼자 공부해야 본인이 집중이 잘되는 시간대를 파악하기도 용이하다.

밤 시간에 집중이 잘되는 올빼미 스타일이라면 저녁 시간에는 학원 강의를 듣고 밤 시간에는 혼자 공부하는 식으로 스케줄을 짜자.

집중력 높이기 4단계 : 오감을 이용하자

학교에서도 멀쩡했던 학생들이 학원에만 가면 이상하게 풀어진다. 옆친구와 대화하고 싶고 휴대전화를 보고 싶다. 학원이 그 정도면 공부 채널로 인강을 선택했다면 어떻겠는가? 아무도 지켜보지 않는데 잠이 들지 않으면 다행이다. 모두 집중력이 떨어지기 때문에 벌어지는 현상들이다.

집중력을 유지하기 위해서 아니 더 솔직하게 말하면 수업 시간에 졸지 않기 위해서 아는 내용도 선생님께 일부러 한번 더 질문을 던져 보는 노력을 해야 한다. 내 입이 이야기하고 내 눈이 선생님을 보고 있기 때문에 그냥 혼자 머릿속으로 생각하는 것보다 집중력을 유지하는 데 아주 좋은 방법이다. 그냥 수업을 팔짱 끼고 듣지만 말고 필기도 하자. 손을 움직인다는 것은 뇌에 내가 집중하고 있다는 것을 알려 줄 수 있는 신호이다.

우리의 오감이 모두 작동하는 상태로 공부를 하면 집중력을 더 오래 유지시킬 수 있다. 단순히 눈으로 보는 공부보다 능동적으로 말과 행동을 하면서 하는 공부가 집중력을 높여 주기 때문이다. 왜 선생님들도 수업 시간에 방대한 양을 다 기억해서 알려 주지 않는가? 누군가에게 말과 손짓과 눈빛을 모두 사용하여 전달하는 과정 속에서 집중할 수밖에 없기 때문에 가능한 결과다.

집중력 높이기 5단계 : 한 번에 한 가지만 집중하자

사교육을 실제로 진행하면 무리수를 두는 학생들이 있다. 학교와 학원의 진도가 다르면 두 가지 다 완벽하게 해야 한다는 압박감이 찾아온다. 하지만 한 가지를 집중해서 성공할 확률이 두 가지 이상의 부분에 집중해서 성공할 확률보다 높다. 본인은 멀티태스킹이 가능하다고 믿는 사람들이 종종 있는데 게임을 하면서 영화를 보는 사람과 영화만 집중해서 보는 사람이 기억하는 양은 차이가 날 수밖에 없다.

우리가 아무리 열심히 공부를 한다 해도 우리의 두뇌는 정해진 용량이 있다. 우리가 보고 들은 것을 모두 기억할 수 없다. 취사선택을 할 수밖에 없는 상태에서 너무 방대한 정보를 받아들이면 정작 중요한 정보를 저장하지 못할 가능성이 있다. 공부하는 순간에는 내가 지금 공부하는 내용에만 집중하자. 사교육을 시작하면 아무래도 공부의 양이 많아진다. 그래서 학원에서 공부하면서 학교 숙제를 걱정하고 수업 시간에 몰래 학원 숙제를 하는 경우도 있다. 하지만 이런 행동을 집중력만 저하시킬 뿐이다. 지금 순간만 집중하고 지금 공부하고 있는 내용만 생각하자.

공부 자신감을 높여 주는 학습법

아무리 좋은 학습법도 나에게 맞지 않으면 의미 없다

이제 학습 의지가 생기고 실천을 위한 집중력까지 준비되었다면 실제로 사교육의 효율을 높여 줄 나만의 학습법이 필요하다.

중1 학생과 학부모 중에 꼭 이런 경우가 있다. 초등학교를 졸업하고 자녀와 부모 모두 너무나 혈기 왕성하다. 중학생이 되면서 공부 열정이 백두산 꼭대기까지 올라간다. 주말에는 직접 서점을 찾아서 공부 방법 관련 도서를 구입하고 대한민국에서 가장 유명한 1타 인강 선생님의 강좌도 수강 신청한다. 뉴스 기사에 나온 명문대에 입학한 선배들의 합격 수기는 모조리 스크랩하며 공부 계획을 관리해 주는 모바일 어플 또한 다운받아서 열심히 이용한다. 공부에 관한 한 욕심쟁이도 이런 욕심쟁이가 없다.

그런데 성적을 높이기 위한 다양한 방법을 사용할수록 이상한 현상이 나타난다. 인강을 들으려고 컴퓨터를 켜면 희한하게 인터넷을 하게 된다. 서울대 수석 합격생의 학습법은 기본적으로 너무 똑똑한 사람의 학습법이라 엄두가 나질 않는다. 공부 계획 앱은 모바일 게임이 유혹하기에 안성맞춤 조건을 만든다. 공부 의욕은 넘치는데 막상 무엇을 공부하고 있는지 이제는 본인도 헷갈리기 시작한다.

무엇이 문제일까? 열심히 공부했지만 결과적으로 '열심히'에서 끝났다. 실질적으로 학습법을 갖추지 못한 상태에서 의지만으로 사교육을 진행하다 보니 비효율적인 학습 형태가 지속되면서 결국 부작용이 발생하였다. 남의 학습법만 따라하다 보면 결국 본인이 어떻게 공부해야 할지, 길을 잃는 것이다. 자신만의 학습법이 자사고 합격을 100% 장담해 주지는 않아도 지금보다 사교육을 효율적으로 받을 수 있게 도와줄 수 있다. 실제로 사교육을 받으면서 단순한 의지만으로는 성적을 올리는 데 실패한다. 나만의 학습법이 필요하다.

학습법 없는 사교육은 돈을 많이 써야 한다

주변에 이런 친구가 있다. 분명 내가 놀 때, 항상 같이 논 것 같은데 나보다 성적이 좋은 친구. 이유가 무엇일까? 나보다 아이큐가 높아서? 아니면 얌체처럼 나랑 같이 놀고 집에 가서 밤을 새서 공부하는 것일까?

이유는 의외로 간단하다. '내가 너무 열심히 공부하는 것'이 문제다. 열심히 공부하는 것이 왜 문제냐고? 정확히 말하면 '열심히 공부만 하는 것'이 문제다. 수업 시간에 선생님이 하는 말씀들을 토씨 하나 놓치지 않고 받아 적는다. 다른 사람이 보면 이 학생은 영락없는 이 반의 반장이다. 그렇지 않고서는 이렇게 열심히 할 수가 없다. 학교가 끝나면 학원도 정말 열심히 다닌다. 그런데 알고 보니 운동부 학생들과 성적이 비슷하다. 대체 왜 그럴까? 열심히 하는데도 성적이 좋지 않다면 나에게 맞지 않는 '학습법'으로 공부를 하고 있을 가능성이 크다.

공부는 의욕만으로 할 수 있다. 하지만 성적은 의욕만으로는 올릴 수가 없다. 아무리 공부 의지와 집중력이 있어도 본인에게 가장 효율적인 학습법으로 공부하지 않는다면 사교육을 한다 한들 성적 올리기는 쉽지 않다.

성적이 오르는 공식은 간단하다. 효율적인 학습법으로 집중해서 더 오랜 시간 공부한 사람이 성적이 좋다. 내 친구와 내가 동일한 학습법으로 공부한다면 더 많은 시간을 투자한 사람이 성적이 높다. 하지만 문제는 나보다 내 친구의 학습법이 효율적일 경우다. 이때는 내가 공부한 시간이 더 많아도 성적은 역전될 수 있다.

예를 들어, 내 친구는 한 시간에 100개의 영어 단어를 암기할 수 있는데 나는 50개 밖에 암기하지 못한다면 친구보다 한 시간을 더 공부해야 똑같이 100개를 암기할 수 있다. 내가 50개를 암기하는 한 시간 동안 내 친구는 다른 과목을 공부하며 나보다 계속 앞서 나가게 된다. 즉, 학습법은 같은 시간 동안 더 많은 양을 공부할 수 있는 원동력이다. 친구보다 공부를 더 하고도 성적이 낮다면 얼마나 억울한 일인가?

본인의 학습법이 정립되지 않은 상태에서 사교육을 받으면 사교육 비용은 계속 늘어난다. 사교육을 받아도 성적이 오르지 않으니 추가적으로 학원도 다니고 과외도 받고 공부 채널만 늘리는 것이다. 그렇다면, 본인에게 알맞은 학습법은 어떻게 찾을 수 있을까?

우선, 학교 수업에 충실해야 한다. 아무리 학원 선생님의 실력이 좋아도 시험은 학교 선생님이 출제한다. 그리고 시험 출제자가 수업을 진행한다. 학교 수업이 곧 시험 문제다. '내가 어떻게 하면 오늘 배운 내용을 더 잘 이해할 수 있을까?' 고민하는 단계가 본인만의 학습법을 찾는 과정의 시작이다. 그리고 이 단계에서 나에게 부족한 부분을 보충해야겠다는 생각이 든다면 사교육을 선택해야 한다. 이제 이쯤에서 궁금할 법하다. 그래서 어떻게 나에게 맞는 학습법을 설정하여 사교육을 받아야 성적을 올릴 수 있다는 말인가?

학습법 만들기 1단계 : 한 과목에서도 필요한 공부 채널은 다르다

효율적인 학습법으로 사교육을 통해 성적을 올리는 1단계는 '본인에게 알맞은 공부 채널'을 찾는 것이다. 사교육과 공교육은 다르다. 공교육은 반 친구들과 똑같은 선생님에게 똑같은 수업을 듣는다.

반면에 사교육은 선생님과 수업을 내가 고를 수 있다. 본인에게 알맞은 공부 채널의 선택은 사교육을 시작하는 단계에서부터 다른 친구보다 앞서 나갈 수 있게끔 만들어 준다. 사교육을 통해 성적을 올리는 학생들을 보면 본인이 공부 채널을 선택한 이유와 목적이 명확하다. 어떤 과목은 개념 이해에서 어려움을 겪을 수 있고 다른 과목은 문제 풀이에서 반복적인 실수를 할 수도 있다. 이에 따라, 과목별로 공부 채널도 달리 가져가야 한다. 한 학원에서 수학 수업 듣고 끝나면 옆 교실로 가서 영어 수업을 드는 것이 능사가 아니다. 더 나아가 한 과목 안에서도 자신이 필요한 부분 별로 공부 채널을 달리 가져갈 수 있어야 한다.

중3 유세진 학생은 항상 수학 때문에 고민이다. 다른 과목에 비해 성적이 떨어져서 학원도 다니고 과외도 받으며 지속적으로 사교육을 받는데도 성적이 오르지 않기 때문이다. 그래서 학습 게시판에 문의를 본인의 상황에 대한 문의를 했다. 그런데 의외로 세진 학생의 수학 실력은 나쁘지 않았다. 학교 내신은 사교육 없이도 일정 수준의 성적을 유지할 수 있는 실력이 있었다. 문제는 불필요하게 과다한 사교육을 반복적으로 받으며 자신의 취약점을 파악할 시간을 갖지 못한 것이었다. 기본 개념에 대한 이해도를 높이는 시간이 필요했는데 학원과 과외를 통해 문제 풀이만 반복하고 있었다. 이에 따라, 아래와 같이 다시 수학 사교육 방법을 정비한 뒤, 성적 향상을 일으킬 수 있었다.

- 수학 내신 대비 : 사교육 필요 없음.
- 수학 관련 인증 시험 : 학교 외부 수학경시대회 등은 학교 공부로 준비하기 불가능. 학원 수강
- 기본 개념 : 모르는 부분을 반복해서 들을 필요 있음. 이에 따라, 인강 수강

'수학은 학원을 다녀야 하고, 영어는 다니지 않아도 돼' 식의 생각이 아닌 한 과목에서도 부분 별로 본인이 부족한 부분을 어떤 공부 채널로 공부할지 스스로 파악할 수 있는 정도가 되어야 한다. 본인의 공부 스타일을 먼저 파악하고 그에 따른 공부 채널을 선택할 수 있는 능력이 생겼을 때, 사교육을 시작하자.

학습법 만들기 2단계 : 친구 따라 공부 채널 선택하지 말자
대부분 사교육은 자신의 부족한 과목을 보완하기 위해 시작한다. 본인이 자신이 없는 과목이기 때문에 나의 주체적인 생각보다는 주변 의견에 휩쓸리는 경향이 있다. 공부 채널을 선택하는 기준이 '공부 잘하는 친구가 다니는 학원'인 경우가 많다. 나와 친구의 아이큐와 약점이 다름에도 불구하고 말이다. 그래서 같은 학원을 다녀도 친구는 성적이 올라도 나는 오르지 않을 수 있다.

축구선수 박지성의 베프가 예능 MC 유재석이라고 가정해 보자. 친구 따라 박지성 선수가 만약 개그맨 공채 시험을 계속 보고 다녔다면 어떻게 됐을까? 대한민국 최고의 축구선수 박지성을 만날 수 있었을까? 본인에게 맞는 스타일과 공부 채널은 따로 있다. 본인 스스로에 대해서 파악하고 본인에게 필요한 공부 채널을 결정해야 한다.

여기, 수학 성적이 좋지 않아서 과외도 받고 학원도 다니는 친구가 있다. 열심히 사교육을 받으면 성적이 오를 것이라는 생각에 반에서 1등인 짝꿍의 학원을 같이 다니기 시작했다. 이 학원은 어려운 문제를 쉽게 설명해 주는 것으로 유명한 곳이다. 하지만 실제로 이 학생의 문제는 문제 풀이 후에 복습을 하지 않는 것이었다. 학원에서 배우는 개념이나 공식은 이미 다 알고 있는 내용을 반복해서 들을 뿐이었다. 스스로 복습하는 시간이 부족한 것이 이 학생의 가장 큰 취약점이었는데 성적을 올리겠다고 오히려 사교육 받는 시간을 늘리고 있는 상황이었다. 이런 경우에는 학원에 다니기보다는 학교 수업의 복습 시간을 늘려야 한다. 본인의 취약점을 파악하지 못하고 친구 따라 학원을 가다 보니 벌어지는 현상이다.

심지어 기초가 없는 상태에서 수학 심화 학원을 다니는 친구들도 있다. 단원에서 요구하는 개념의 이해 자체를 못하는 상태에서 학원에 가서 앉아 있는다고 무슨 성적이 오르겠는가? 학원 선생님이 원생들의 기초 개념 암기까지 책임져 주지 않는다. 아무리 전교 1등이 다니는 학원을 매일 가서 2시간씩 공부한다고 해서 성적이 올라간다는 보장이 없다. 심지어 심화 학원의 숙제는 수업 시간에 배운 내용을 더 어렵게 응용해서 푸는 문제가 대부분이어서 숙제에 시간을 허비하다 보면 내가 진짜 공부해야 하는 부분을 놓치는 경우도 생긴다.

친구 따라 사교육을 시작한다고 해서 절대 성적은 오르지 않는다. 자신의 취약 과목과 약점을 먼저 파악해서 자신이 부족한 부분이 학원을 다니면서 보완할 수 있는 수준인지, 아니면 1대 1 과외를 받으면 집중적으로 파고들 필요가 있는지, 아니면 인강을 통해 반복 학습을 해야 하는 지 본인이 파악하고 공부 채널을 선택해야 한다. 주변의 공부 잘하는 친구 따라서 선택하지 말자. 나 자신부터 파악하자.

학습법 만들기 3단계 : 사교육에 투자한 시간만큼 복습하자

요즘은 초등학교 4학년 정도가 되면 수학, 영어, 예체능, 논술 등 여러 학원을 다니며 사교육을 시작한다. 중학생이 되고 나서는 약간 패턴이 바뀌는데 본격적으로 수학과 영어 비중을 늘려 시간을 소비하기 시작한다. 초등학교 때는 성적을 유지하는 데 분명 사교육이 어느 정도 도움을 준다. 아직 본인 스스로에 대한 공부 스타일이 확립되기 어려운 나이기 때문에 사교육이 초등학생에게는 성적 유지에 큰 도움을 주는 것이 사실이다. 그런데 희한하게 여러 학원을 다니며 초등학교 때 좋은 성적을 보인 학생들이 중학생이 되자 학년이 올라갈수록 성적이 더 떨어진다. 그래서 결심을 한다. '역시 중학교는 초등학교와 다르군. 학원을 한 군데 더 다니면서 공부 시간을 늘려야겠어.' 그럼에도 불구하고 성적이 오르지 않는다.

그런데 이런 학생의 친구의 옆에는 꼭 이런 학생이 있다. 중학교 입학 당시에는 반 편성 배치고사 성적이 나보다 좋지 않았는데 학년이 올라갈수록 성적을 역전시킨다. 심지어 학원도 안 다니고 유일한 사교육 채널은 저렴한 인강밖에 듣지 않는다고 한다. 어떻게 이런 일이 생기는 것일까? 친구를 따라서 학원을 끊고 인강만 듣자니 성적이 더 떨어질까 봐 겁도 난다. 나는 어떻게 해야 할까? 고민에 휩싸인다.

공부 채널을 다양하게 이용해 굉장히 바쁘게 하루를 보내는 시간이 성적을 올려주는 것이 아니다. 사교육을 열심히 받는데도 성과가 나타나지 않는 학생들의 대부분은 사교육만 열심히 한다. 학원에서 수업을 듣고 과외를 받는 시간 역시 공부를 하는 시간이라고 판단한다. 그래서 본인이 공부하는 시간은 충분하다고 착각한다. 하지만 사교육은 가르쳐 줄 뿐, 이를 통해 공부를 하는 주체는 '학생 본인'이 되어야 한다. '공부하는 시간'이 아닌 '배우는 시간'으로 공부 시간의 대다수를 할애하면 안 된다.

배우고 나면 복습 시간이 필요하다. 배우는 시간은 이제 공부를 시작하는 첫 단계일 뿐이다. 아무리 본인에게 알맞은 학습법을 찾았어도 사교육에 쫓겨 시간이 없어서 활용하지 못한다면 아무런 의미가 없다. 사교육을 통해 배웠다면 스스로 공부하는 시간을 갖자. 배우는 과정에 집중적으로 시간을 투자해 성적이 떨어졌는데 오히려 사교육이 부족하다는 생각에 배우는 시간을 더 늘리는 악순환을 되풀이하지 말자.

중3 임명원 학생은 오늘 3시간 동안 사교육을 받았다. 방과 후에 3시간 수업을 듣고 집에 오면 녹초가 되어 마음은 있으나 실제로 집중해서 복습하는 것이 쉽지 않았다. 복습 없이 계속 진도만 나가면서 배운 내용을 소화하지 못하는 경우가 점점 많아졌다. 그래서 본인의 공부 계획표를 수정하는 시간을 가졌다. 사교육을 받는 시간을 줄이고 스스로 복습하는 시간을 늘렸다. 오늘 배운 내용은 오늘 안에 다시 한 번 공부하는 시간을 갖고, 다니던 학원은 2개에서 1개로 줄이고 인강으로 반복 학습을 시작했다. 스스로 공부하는 시간을 늘려 가며 성적도 다시 상승하게 되었다.

자신의 공부 계획을 확인해 보자. 학원에서 배운 내용을 복습하는 시간은 얼마나 있는가? 성적을 올리기 위해 학원 한 군데를 더 다니며 사교육비를 투자하는 것보다 배운 시간만큼 복습하는 시간을 확보하는 것이 더 효과적이다. 사교육을 받는 자체에 만족하지 말고 사교육을 받고 나서 이 학습법을 활용할 수 있는 복습 시간을 꼭 마련하자.

학습법 만들기 4단계 : 사교육이 끝난 순간부터 계획대로 움직이자

미국 하버드 대학생 1,600명의 학습 습관을 연구한 리처드 라이트 교수는 성적 우수생들에게서 한 가지 공통점을 발견했다. '모두 다양한 활동을 하면서도 시간을 엄격히 관리한다'는 것이었다. '시간을 보내는 법에 대한 생각'을 자주했고, 공부하는 시간은 물론이고 그 외의 시간까지 엄격하게 관리를 했다. 공부를 할 때는 일정한 시간대에 공부할 뿐만 아니라 일정한 장소를 유지하면서 본인의 공부 리듬을 지켜나갔다.

엄격한 시간 관리는 학습법을 구성하는 중요한 요소다. 사교육을 받고 집에 돌아왔는데 정해진 계획이 없다면 그다음 일정이 막연해지고 쉬고 싶은 마음이 강해진다. 당장 무슨 공부를 해야 할지 몰라 실천력이 약해진다. 가장 무서운 점은 계획이 없기 때문에 순간적으로 자신의 호기심을 끄는 다른 일이 생기면 쉽게 공부를 접게 된다는 점이다. 이렇게 되면 복습하는 시간이 줄어드는 악순환이 반복된다.

친구랑 놀러 갈 계획, 다이어트 계획 등은 누가 시키지 않아도 잘만 세워지는데 희한하게 공부 계획 세우는 것은 만만치 않다. 우선적으로 무엇부터 시작해야 할지 막막하고 계획을 세우는 최종 목적은 성적 향상인데 이와 관계없이 순수하게 계획 그대로의 계획으로만 그치는 경우도 많다.

학습 계획표는 사교육 시작 전에는 부담감을 느낄 정도로 완벽하게 작성할 필요는 없다. 사교육을 받으면서 변화하는 부분이 생기고 어떤 채널로 공부할지 아직 미정이기 때문이다. 기본적인 공부 계획표의 틀만 잡아 놓자. 계획을 세우면서 스스로의 공부 패턴도 다시 한 번 생각해 보는 기회를 가질 수 있다.

일일 계획표를 만들기 전에 해야 할 일은 '공부를 할 수 있는 시간의 확보'이다. 누구에게나 하루 동안 주어진 시간은 24시간이다. 어린 아이부터 100세 노인까지 동일한 조건이다. 이 시간을 어떻게 사용하느냐는 온전히 본인에게 달려 있다. 계획을 머릿속으로만 생각하지 말고 직접 글로 써 보면 낭비되는 시간을 파악하고 앞으로 어디에 얼마만큼 시간을 투자할지 파악하는 데 용이하다. 막연하게 생각하지 말고 지금 당장 종이와 펜을 준비하자. 그리고 학원을 갔다 와서 본인이 집에서 하는 일을 적어 보자. 필수적으로 해야 하는 밥을 먹고 씻는 시간을 제외하면 우선 공부할 수 있는 시간을 계산할 수 있다.

공부할 수 있는 시간이 확보가 됐다면 우선순위를 정하자. 계획은 언제든지 생각하지 못한 이유로 인해 방향이 틀어질 수 있다. 꼭 해야 하는 공부 순으로 우선순위를 정하는 과정이 필요하다. 계획에 없는 스케줄이 생기면 기존 계획 중에 무엇을 포기해야 할지 고민하게 된다. 그럴 때는 과감하게 우선순위의 맨 마지막 공부 목록을 버리는 식으로 실행하자. 1~10번까지 오늘 해야 공부인데 약속 때문에 4가지를 버려야 한다면 7~10번을 하지 않는 형식으로 계획을 지켜나가는 것이다.

그리고 우선순위부터 시간을 분배하자. 대부분 학생들의 평일 스케줄은 비슷하므로 월요일부터 금요일까지 전체적인 스케줄의 포맷을 똑같이 하는 방법을 추천한다. 행위의 반복을 통해 '지금 이 시간은 특정 과목을 공부하는 시간'이라는 기억을 우리의 뇌에 알려줄 수 있고 계획을 만드는 시간을 단축시킬 수도 있다.

학습법 만들기 5단계 : 사교육을 통해 보충할 부분을 가려 내자

현재 자신의 과목별 학습 수준을 객관적으로 진단해 사교육으로 공략할 필요가 있다. 최근 1년간 학교 시험 성적을 살펴보자. 최고점과 최저점, 그리고 평균 점수를 내보자. 과목별 점수에 따라 본인이 잘하는 과목과 성적이 떨어지는 과목의 파악이 가능하다. 유독 성적이 좋지 않았던 시험은 과목의 시험 범위를 살펴보자. 내가 부족한 단원이다. 평균 점수가 낮은 과목 중에 유달리 성적이 좋지 않았던 범위는 본인에게 알맞은 공부 채널로 보완할 필요가 있다.

여기서 한 단계 더 깊게 살펴본다면 틀린 문제를 통해 사교육으로 보완할 부분을 찾아낼 수 있다. 예를 들어, '편차가 4인 계급의 도수를 알 수 없는 다음 표에서 전체에 대한 표준편차를 구하여라'는 문제를 틀렸다. 그럼 내가 보충해야 할 단원은 어디인가? '확률과 통계' 단원이다. 그리고 확률과 통계 중에서도 '표준편차 관련 지식'(내용)은 심도 깊게 2~3번 반복 학습할 필요가 있다. 틀린 문제를 통해 내가 사교육에서 어떤 내용을 보충할지 스스로 선택할 수 있어야 한다.

최소 비용의 사교육으로 성적 올리는 비법

2단계_실전

인강 장점 활용법 / 학원처럼 인강을 이용하는 법 / 포기하지 않는 학습법
/ 몰입을 하게 하는 학습법 / 최고의 사교육은 독서

앞장에서 사교육을 하는 이유와 사교육 시작 전에 미리 갖춰야 할 3가지 (의지, 집중력, 학습법) 사항에 대해 살펴보았다. 공부에 관한 고민은 모두 다르다. 그렇기 때문에 그에 대한 해답 또한 모두 다를 수밖에 없다. 하지만 모든 고민의 목표는 동일하다. '성적을 올려야 한다.'

목표를 달성하기 위해 공부를 하겠다는 의지를 갖고 본인의 학습법으로 집중해서 공부하는 법을 활용한다면 성적은 오른다. 하지만 아무리 준비를 완벽하게 했어도 인터넷 강의를 실제로 수강하면서 이런저런 난관에 부딪히기 마련이다. 이런 고민을 해결할 수 있도록 2장에서는 인강을 실제로 수강하면서 생기는 문제점을 해결하고 성적을 올릴 수 있는 비밀에 대해 함께 살펴보겠다. 인강을 공부 채널로 선택하기에 주저하게 만드는 이유인 '눈앞에 선생님이 없는 환경 속에서 끝까지 수강하는 데 느끼는 부담'과 관련하여 극복할 수 있는 방법을 구체적으로 다룬다. 우리 중학생들. 사교육의 효율을 높여 지금 하는 공부가 헛되이 되지 않도록 하자

인강 장점 활용법

앞서 이야기 한 바와 같이 이 책의 목적은 최소의 사교육비로 최고의 효율을 이끌어 내는 방법을 알려 주는 것이다. 그래서 공부 채널도 현 시대의 가장 경제적인 사교육 수단인 '인터넷 강의'로 선택해 성적을 올리는 방법에 대해 설명한다. 인강은 분명 학원에 비해 학생과 학부모의 선택 비율이 떨어진다. 자기주도적으로 학습의 전반을 이끌어야 하는 부담감 때문이다. 그럼에도 필자가 굳이 추천하는 이유는 생각보다 장점이 많은 공부 채널이다. 지금부터 그 장점을 활용하는 방법을 찾아보자.

사교육에 쏟아부을 돈으로 차라리 문화 생활을 하라

사교육 없이 성적을 올릴 수 있다면 금상첨화지만 대한민국처럼 교육열 높은 나라에서 쉬운 일은 아니다. 명심할 점은 사교육을 한다고 해서 공부가 저절로 되진 않는다는 점이다. 아무리 비싼 과외를 받아도 스스로 해야 한다. 사교육은 학교처럼 선생님이라는 절대적인 존재가 없고 숙제를 하지 않아도 크게 부담이 되지 않아 본인 스스로를 제어하기 쉽지 않을 수도 있다. 많은 학부모들이 혼자 공부하기 힘들어 하는 자녀에게 선생님의 도움을 받아 공부하라며 사교육을 시켜주지만 사교육이야말로 스스로 열심히 해야 성적이 오른다.

여기서 생각해야 할 점! 사교육을 시작하기 전 3가지(의지, 집중력, 학습법)만 갖춰졌다면 본인이 부족한 부분에 따라 공부 채널을 선택하면 된다는 것이다. 오프라인에서 선생님을 만난다고 더 성적이 오른다는 근거는 어디에도 없다. 동일한 조건에서 비싼 과외를 받는다고 해서 경제적인 인강을 듣는 학생보다 성적이 오른다는 연구 결과나 데이터가 그어디에도 없다. '비싼 사교육을 시작했으니 당연히 성적이 오르겠지'라고 생각하겠지만, 내 주변의 친구들도 이미 고비용의 사교육을 하고 있다. 사교육의 비용과 성적은 비례하지 않는다. 예습과 복습을 하지 않으면 어떤 공부 채널이든 그냥 돈만 쓰는 꼴이다. 사교육에 많은 돈을 투자한다는 생각을 우선 버리자.

인강을 나의 맞춤형 사교육으로 이용하자

인강이 다른 채널에 비해 경제적이라는 장점은 알고 있다. 하지만 우리가 사교육을 하는 목적은 성적 상승이 아닌가? 단순히 비용적인 장점만으로 인강을 시작할 이유는 없다. 그렇다면 왜 인강을 선택해야 할까?

인강은 본인의 학습법을 고도화시키는 데 용이하다. 학원은 나의 학습법에 맞지 않아도 이미 만들어진 시간과 커리큘럼을 어쩔 수 없이 따라가야 한다. 선생님이 수업을 이끌어 가기 때문에 솔직히 학생들이 그다지 주도적으로 할 부분은 없다. 반면에, 인강은 학생 스스로 어떤 선생님에게 강의를 들을지 선택하고 본인에게 알맞은 강좌를 찾아야 한다. 학원처럼 따라가는 공부 방식이 아닌 본인의 학습 스타일대로 수강할 강의를 구성해서 자신의 학습법으로 공부할 수 있다.

물론 학원을 다니면서 인강을 서브 채널로 활용하는 학생들이 많다. 꼭 인강 중심으로 공부할 필요는 없다. 학교에서 배운 내용을 학원에서 반복하고 그래도 이해가 가지 않는 부분은 인강으로 마무리하는 학습 스타일은 매우 긍정적이다. 학원을 다니지 말고 인강으로만 공부하라는 얘기가 아니다. 공부하는 채널의 선택은 자유다. 굳이 인강에 대한 장점을 말하는 이유는 학원이나 과외는 선생님이 시키는 대로 따라만 하면 되므로 굳이 책을 통해 공부 방법을 배울 필요가 없다. 하지만 인강은 본인의 노력이 필요하다. 그리고 그 노력을 제대로 사용하면 인강이 갖고 있는 단점을 보완하며 그 어떤 공부 채널보다도 본인의 맞춤형 공부 채널로 이용이 가능하다. '과연 끝까지 내가 수강할 수 있을까?'라는 의문을 갖게 만드는 인강을 완강할 수 있는 방법을 알고 공부하면 결과는 달라질 수 있다.

사교육을 통해 지금까지 다 차려진 밥상에서 밥을 먹은 학생들은 스스로 밥상을 차려야 하는 인강이 처음에는 불편하다. 강사를 선택한다는 부분도 새롭고 어떤 강의를 들어야 할지도 확신이 서지 않는다. 하지만 학원을 다니면 편하게 공부할 수는 있어도 나에게 가장 적합한 형태의 공부를 할 수는 없다. 상대적으로 시간이 더 소요되지만 인강은 나에게 맞는 맞춤형 사교육으로 활용이 가능하다.

아무리 훌륭한 수업이라 하더라도 나의 학습법과 맞지 않으면 무용지물이다. 인강을 통해서 우리는 각기 다른 다양한 학생들의 눈높이에 맞춰 만들어진 방대한 커리큘럼을 만날 수 있다. 나의 수준과 수강 목적에 맞는 강좌를 선택해 맞춤형 수업을 듣자. 인강으로 공부하며 예습을 통해 내신 성적을 올릴 것인지, 꼼꼼하게 학교 진도를 따라가며 복습을 할 것인지, 학교 과정보다 한 학기를 먼저 인강을 통해 앞서 나가며 선행 학습을 할 것인지, '수강의 목적'을 분명히 하자. 스스로 사교육을 받는 목적이 뚜렷하다면 본인에게 필요에 따른 강좌를 선택해서 수강할 수 있다.

인강은 또한 자신의 컨디션을 고려해 원하는 시간에 공부하며 효율을 높일 수 있는 장점이 있다. 저녁에 다니는 학원은 새벽에 집중이 잘 되는 학생들에게는 비효율적이다. 인강은 정해진 시간에 무조건 강의를 수강해야 할 필요가 없고 이동 시간이 필요 없어 시간도 절약된다. 나는 집중하고 싶은데 주변에서 분위기를 흐트러뜨리는 친구도 옆에 없다.

요즘 혼밥, 혼술이 유행인데 왜 혼자 굳이 술을 마시고 밥을 먹을까? 혼자 하면 편하고 본인 스타일대로 할 수 있기 때문이다. 다이어트를 하고 싶으면 여러 사람과 밥을 먹지 말고 혼자 밥을 먹으라고 한다. 자기 스타일을 지킬 수 있기 때문이다. 인강 또한 자신의 스타일대로 공부할 수 있도록 구성이 가능하다.

학원보다 복습 시간 확보에 용이하다

수업을 듣는 시간은 공부하는 시간이 아니라는 점은 앞에서도 이야기했다. 누군가에게 학습 내용을 배우는 시간이 아닌 스스로 공부하는 시간이 필요하다. 학교가 끝나고 밥도 제대로 못 먹고 학원을 갔다 와서 피곤한 몸을 이끌고 독서실 또는 집에서 혼자만의 공부 시간을 갖는다는 것이 웬만한 절제력으로 쉽게 되지 않는 것이 사실이다. 인강을 잘만 활용한다면 학원보다 오늘 배운 내용을 복습하는 데 용이하다.

우선, 학원은 이동 시간이 있지만 인강은 이동 시간이 없다. 그래서 학원을 다닐 때보다 최소 30분의 시간을 더 활용할 수 있다. 학원은 필수적으로 숙제를 할 시간이 필요하지만 인강은 온전히 배운 내용의 복습과 내일 공부할 내용의 예습으로 시간을 보내는 것이 가능해 최소 1시간을 나만의 공부 시간에 더 할애할 수 있다. 물론 학원 숙제도 도움이 되지만 24시간으로 정해진 하루 속에서 숙제를 하느라 시간이 부족해지면 오늘 배운 내용의 복습과 내일 배울 내용의 예습 중에 한 가지는 포기해야 하는 상황이 벌어질 수도 있다. 심화 문제라도 만나면 혼자서 해결하는 데 많은 시간을 소비해야 한다.

인강을 수강할 경우, 학원과 똑같이 배우는 시간을 소요하고 스스로 공부하는 시간은 더 확보할 수 있다. (이동 시간 30분+학원 숙제 시간 1시간=총 1시간 30분) 대한민국 학생들의 희한한 점이 학교 공부보다 학원 숙제가 성적을 높여 준다고 생각한다. 아무래도 학교는 당연히 다니는 곳이고 학원은 돈을 내고 다니는 곳이라는 생각에 학원 숙제를 하는 것이 더 효율적이라는 생각을 갖고 있는 것 같다. 그런데 학원 숙제에 치중하다 보면 학교 수업 내용과 연계가 제대로 이루어지지 않아 학습 효율은 떨어질 수밖에 없다.

물론, 본인의 공부 스타일에 학원이 잘 맞는다면 당연히 열심히 다녀야 한다. 하지만 절대적인 시간의 활용법에 있어 학원보다 인강이 더 유리한 부분이 있으므로 학원과 인강을 병행한다면 적절한 조합을 통해 효율적으로 시간을 사용하는 방법을 찾아내야 한다.

원하는 선생님에게 필요한 부분만 배우자

학생들마다 공부 스타일은 다 다르다. 선생님도 가르치는 스타일이 다 다르다. 그래서 나와 유독 잘 맞는 선생님들이 있다. 사교육을 굳이 하는 이유가 무엇인가? 공교육으로 다 채워지지 않는 부분을 보충하기 위해서 아닌가? 그렇다면 학교 선생님이 해주지 못하는 부분을 사교육 선생님을 통해 받아야 한다.

학원의 선생님을 고를 수 있는 범위의 폭이 좁은 단점을 인강을 통해 보충할 수 있다. 인강은 사이트별로 수십 명의 선생님이 포진해 있다. 무료 체험을 통해 선생님의 스타일을 미리 살펴볼 수도 있다. 인강은 상위권을 대상으로 강의하는 선생님도 있고 하위권 학생에 맞춰 수업을 진행하는 선생님도 있어, 같은 교과서와 교재라 할지라도 수강자 스스로 본인에게 가장 잘 맞는 스타일로 DIY 할 수 있다. 더욱이 학생들의 성적을 실질적으로 높이지 못하는 강사들은 이윤을 추구하는 인강 업계에서 살아남기 힘들기 때문에 선생님의 수준도 높다.

선생님뿐만 아니라 배우고 싶은 부분도 내가 직접 고를 수 있다. 자신만의 진도에 맞춰 사교육을 진행할 수 있는 공부 채널은 현재 인강과 과외밖에 없다. 하지만 과외는 고액이 소비된다. 그에 반해 인강은 최소의 비용으로 '내가 필요한 부분만 전략적으로 공부'할 수 있다. 모르는 부분에 대해서는 무한 반복이 가능하다. 오프라인 수업 시간에는 잠시 딴생각을 하면 선생님의 말씀을 놓치는 경우가 있지만 인강은 다시 들으면 된다. 오늘 학교에서 공부한 내용 중에 모르는 부분이 있다면 방과 후에 인강을 통해 찾아서 복습해 보자. 필요한 부분만 전략적으로 공부하는 방법은 특히 시간이 넉넉하지 않을 때, 굉장히 매력적이다.

선생님은 어떻게 선택할까
인터넷 강의를 듣기로 결심한 후에도 많은 선생님 중에 누구를 선택해야 할지 고민에 빠진다. 공통적으로 적용되는 답은 없다. 개개인 별로 성적과 공부 패턴, 강점과 약점이 다르기 때문이다.

모든 인강 사이트에는 1타 강사(그 사이트 내에서 매출을 가장 많이 올리는 선생님)가 있다. 가장 유명한 선생님이기 때문에 그 위치까지 오른 분명한 이유가 있다. 하지만 맹목적으로 1타 강사의 수업만을 수강하는 것은 추천하지 않는다. 아무리 메시가 축구를 잘해도 메시보다 호날두를 좋아하는 사람도 있지 않은가? 본인과의 스타일이 잘 맞아야 한다. 공부 잘하는 친구가 아무리 추천을 해줬다고 해도 무턱대고 결제하지 말고 나와 잘 맞는 선생님을 찾아보자.

나와 궁합이 맞는 선생님을 찾기 위해 수강하려는 과목과 원하는 강사의 스타일을 정하자. 본인은 문제풀이를 빠르게 하는 선생님을 선호하는지, 개념 설명을 자세히 해주는 선생님을 좋아하는지. 그리고 선생님 소개 페이지를 살펴보며 마음에 드는 강사를 3명으로 압축하자. 직접 맛보기 강의나 무료 체험을 통해 선생님을 살펴보자.

아무리 주변에서 조언을 많이 해줘도 선택은 내가 해야 한다. 그리고 그 선택을 하기 위해서 직접 체험해 보는 것만큼 좋은 방법은 없다. 글로 선생님의 스타일에 대해 알아보는 것과 직접 강의를 수강해 보는 것은 차이가 있다. 많은 시간을 투자할 필요도 없다. 30분만 들어보면 나와의 궁합을 판단할 수 있다. 본인도 어떤 스타일의 선생님과 궁합이 맞을지, 확신할 수 없으므로 아래 사항을 체크하자.

1. 강의에 집중할 수 있나?
2. 강의 내용이 지루하지 않은가?

3. 강의를 통해 내가 필요한 내용을 습득할 수 있는가?

4. 강의 수준은 나와 맞는가?

5. 강의를 듣고 내용 정리가 되는가?

6. 내 돈을 쓰면서까지 이 수업을 수강할 가치가 있는가?(가장 중요!)

의외로 선생님의 수업 내용은 마음에 드는데 발음이나 목소리 등 언어적 요소 또는 제스처나 표정 등의 비 언어적 요소가 나와 맞지 않는 경우도 있다. 인강은 학원이나 과외와 달리 직접 얼굴을 보고 수업을 하는 것이 아니기 때문에 선생님의 전달력이 굉장히 중요하다. 아무리 똑똑한 선생님이라도 알려 주는 내용을 소화하지 못한다면 말짱 도루묵이다. 선생님 자체보다는 선생님의 수업 스타일이 본인이 선호하는 스타일과 부합하는지 체크하자.

우리가 인터넷 쇼핑을 할 때, 꼭 확인하는 부분이 있다. 바로 먼저 구매한 사람들의 구매평이다. 인강에서도 중요한 부분이다. 미리 수강한 선배들의 수강평을 확인하자. 물론 모든 수강생이 그 강의를 다 좋다고 할 수는 없다. 하지만 읽어 보면서 감을 잡을 수는 있다.

또한 실시간 질문 게시판을 살펴보자. 질문을 올리면 얼마나 빨리 피드백을 받을 수 있는지 해당 선생님의 질문 게시판을 통해 확인해 보자. 시험이 임박했을 때는 가장 중요한 부분이다. 왜 그런 적 있지 않은가? 인터넷에 고민 상담을 하고 답글이 언제 달릴까? 계속 확인하게 되는 때가 있다. 급박해지면 빠른 피드백이 간절해진다.

학원처럼 인강을 이용하는 법

인강을 수강하기 꺼려하게 되는 첫 번째 이유는 '학원처럼 공부할 수 없어서'이다. 학원처럼 바로 눈앞에 선생님이 있는 것도 아니며 정해진 시간에 정해진 장소에서 억지로 공부를 해야 하는 강제성이 있지도 않다. 또한, 학원을 다니면 시험 기간이나 방학이나 학생이 고민할 필요 없이 학원에서 시키는 대로만 하면 된다. 하지만 인강은 본인 스스로 해야 한다. 즉, 인강은 학원보다 불편하다. 하지만 긍정적인 불편함이다. 자기주도학습을 하기 위한 첫 번째 단계이기도 하다. 정해진 시간에 가야 하는 학원처럼 '수강 계획'을 통해 강제성을 부여하고 '시기 별로 인강에 알맞은 공부법'으로 학습하면 인강을 학원 못지 않게 이용할 수 있다.

수강 계획을 만들자

학원과 인강의 가장 큰 차이는 '정해진 대로 따라 하는 것'과 '스스로 만들어 나가는 것'이다. 시키는 대로 공부하는 방법에 익숙한 학생이라면 당연히 인강을 선택할 확률은 낮아진다. 하지만 학원만 수강하면 놓칠 수 있는 본인에게 잘 맞는 학습법을 스스로 탐색할 기회를 인강을 통해 찾을 수 있다.

학원은 앉아 있으면 선생님이 알아서 강의를 시작하지만 인강은 내가 플레이 버튼을 눌러야 강의가 시작된다. 그래서 어떤 강좌의 플레이 버튼을 누를지 계획을 미리 세워야 우왕좌왕 하지 않는다. 계획은 휴대전화 어플을 이용해도 좋지만 직접 본인이 손으로 플래너에 작성을 하면 한 번 더 생각할 수 있는 시간을 가질 수 있다. 완료된 항목에는 형광펜 등으로 알아볼 수 있게 표시를 하면 시각적으로도 공부 진행 상태를 기억할 수 있게 된다. 한눈에 들어오는 계획의 진행 상태는 공부 의욕을 높이는 데도 좋다.

인강을 주력 공부 채널로 이용하는 학생보다 서브 채널로 이용하는 학생들이 많다. 가능하다면 학교에서 학원을 가기 전에 인강을 듣는다면 효율은 배가 된다. 학교에서 수업을 들은 후, 이해가 잘 되지 않는 부분이 있다면 하교 후 즉시 수강하도록 하자. 많은 학생들이 학원을 가야 하지만 우리는 알고 있다. 학원을 갔다 와서 피곤한 몸을 이끌고 인강을 보며 굉장한 집중력을 발휘하는 학생은 많지 않다. 저녁도 먹고 학원도 갔다 오면 이미 밤은 깊었다. 그리고 학교 수업이 끝난 지 시간도 꽤 흘렀기 때문에 우리 뇌에 저장되어 있는 정보는 조금씩 사라진 상태다. 학교를 갔다 와서 학원을 갈 때까지 시간적 여유가 있다면 바로 그 빈 공간을 노리는 계획도 고려할 만하다.

학원을 다니지 않는다면 인강으로 공부하는 학원을 다닌다는 마음으로 계획표를 작성하자. 우선, 다른 친구들이 학원에서 공부하는 시간만큼 인강으로 공부하자. 저녁을 먹기 전에 취약 과목을 공부하고 저녁을 먹고 나서 본인이 좋아하는 과목을 수강하는 방법을 추천하다. 아무래도 저녁을 먹으면 집중력이 떨어질 수 있다. 그리고 내일까지 끝내야 하는 숙제의 양이 많다면 밤이 깊어질수록 마음은 조급해질 수밖에 없다. 학교에서 돌아오자마자 어려운 과목을 수강할 것을 추천한다.

인강을 끝까지 수강하지 못하는 학생들의 계획을 보면 하루에 많은 시간을 강좌 수강에 소비하려 드는 경향이 있다. 하루에 5~6시간 동안 모니터를 보며 강의를 듣는 것은 비현실적이다. 인강은 혼자서 하는 공부이기 때문에 정말 집중해야 한다. 집중을 오래하면 마치 운동을 한 것과 같은 체력적인 소모가 있다. 하루에 3~4시간 수강을 권장한다. 무리하여 인강을 수강하는 부분에 전력을 투구하면 더 중요한 복습하는 시간에 지칠 수가 있다. 무리한 계획을 잡지 말자.

수강 계획은 단순히 시간적인 부분에만 해당하지 않는다. 계획된 시간 안에서 목표로 한 범위까지 공부를 해야 계획을 완수했다고 말할 수 있다. 학교 수업처럼 듣겠다는 마인드가 필요하다. 선생님이 모니터가 아닌 실제로 앞에 있다고 생각하면 간단하다. 그렇다면 침대에 눕지도 않고 다른 생각이 든다고 휴대전화를 만지지도 않을 것이다. 선생님의 질문에 대답을 해보기도 하고 고개도 끄덕거려가면서 공부를 하며 계획을 지켜나가자.

학교 수업 시간표와 연계한 인강 시간표를 만들자

눈앞에 선생님이 없다는 점은 대다수의 학생들이 학교 수업보다 인강에 느슨하게 대하는 주요 원인이다. 이 느슨함을 최소화시키기 위해 학교 수업 시간표와 연계된 인강 수업 시간표가 필요하다. 이를 통해 인강과 학교 수업이 서로 보완되면서 목표한 결과에 도달할 확률을 높여 준다. 의지가 약해져 인강을 들으면서 다른 사이트를 방문하고 싶거나 약속이 생겼어도 고민하지 말고 시간표에 없는 활동은 하지 않으면 된다.

중3 최지수 학생은 학원을 다니면서 학교 공부와 연계되지 않고 서로 다른 내용을 배우는 것 같다는 생각을 갖고 있었다. 공부해야 하는 분량만 2배로 늘어난다는 생각이 들었다. 그래서 학교 수업에 맞춰 공부 채널을 재정비했다. 우선, 학원을 끊고 인강을 통해 오늘 학교에서 배운 과목은 그날 잊기 전에 복습하고 취약 과목을 중심으로 다음 날 학교에서 배울 과목을 예습했다. 학교 수업 시간표대로 인강을 수강하니 따로 계획을 세울 필요도 없고 다음 날 학교에서 수업을 들을 때, 집중력이 살아났다. 학교 수업과 연계하여 공부를 하니 계획표도 좀 더 구체적으로 만들 수 있었다.

인강을 통해 공부하는 과목의 순서는 국어와 영어같이 지문을 읽고 문제를 풀어야 하는 과목을 통해 워밍업을 한 다음에 수학이나 과학과 같이 계산력과 이해력이 요구되는 과목을 공부한다면 좀 더 효율적이다. 계획을 짜면서 느끼게 될 텐데 자신의 학습 상태를 객관적으로 파악하지 못한 상태면 얼마의 시간을 어떤 과목에 소비해야 할지 계산하는 데 어려움이 있다. 최소한 자신이 집중해야 할 취약 과목 정도는 알고 있자. 또한, 주말에는 평소에 부족했던 과목을 보충하는 형식으로 공부하자.

24시간이라는 한정된 시간 안에 목표한 분량을 끝마쳐야 하므로 어느 한 과목을 지나치게 오래 잡고 있으면 안 된다. 그래서 정해진 시간표 대로 공부를 하되 공부할 시간이 더 필요할 경우를 대비해 시간표에 '자유 수강' 시간을 따로 마련한다. 과목을 지정하지 않고 만약을 대비한 비상금처럼 부족한 부분을 보충할 수 있는 시간이다. 국어 복습 시간이 필요할 수도 있고 영어 예습 시간이 필요할 수도 있다. 혼자서 하루를 정리하며 모자란 부분을 보충하는 시간을 통해 이해가 가지 않는 부분은 다시 한 번 살펴보자.

예시: 인강 일일 계획표

월수금		화목		주말
학교 주요 수업	인강 수강 계획	학교 주요 수업	인강 수강 계획	인강 수강계획
국어 수학	국어 복습	과학 영어	영어 복습	영어 보충
	수학 복습		과학 복습	수학 보충
	영어 예습		수학 예습	자유 수강
	자유 수강		자유 수강	

[시기별 계획] 방학_하나의 목표를 정해 파고들자

인강은 시기별로 본인이 공부 스타일을 직접 설계해서 가장 효율적인 방법으로 공부할 수 있는 플랫폼이다. 인강의 가장 큰 장점인 '본인이 직접 공부 과정을 설계할 수 있는' 부분을 귀찮아 하고 어려워하는 학생들이 많다. 하지만 학교에서 배운 내용을 넘어서 사교육을 통해 공부 영역을 확장하기 위해서는 스스로 주체가 되어야 한다. 인강은 공부 방식 자체를 유동적으로 변경할 수 있기 때문에 시기별로 학습 방법을 달리한다면 효율성도 높아지고 중도에 포기하는 비율도 줄어들게 된다.

먼저, 방학부터 살펴보면 중간고사와 기말고사 및 각종 수행평가가 있는 학기 중과 달리 대부분의 학생들이 방학 때는 사교육에 대한 집중력이 약화된다. 따라서 방학 기간에는 집중력을 높이기 위해 공부 스킬보다는 명확한 '인강을 수강하는 이유'를 세우는 부분이 필요하다. 이유가 없다면 놀고 싶고 포기하고 싶은 마음을 이겨 내기 쉽지 않다. 심지어 목표를 달성하는 데 인강 수업의 내용이 적합하지 않다고 하면 과감하게 수강을 중지하고 나중에 듣는 방법까지 강구해야 한다.

중2 주민호 학생은 방학 기간만 되면 고민에 빠졌다. 학기 중에는 어느 정도 공부에 대한 동기부여가 되었는데 방학만 되면 본인을 제어하기가 어려웠던 까닭이다. 그래서 방학 기간 동안의 목표를 단순하게 잡았다. '영어와 수학만 잡자'. 전 과목의 점수 상승 같은 거창한 계획이 아닌 주요 과목에 전력투구하기로 결정한 것이다. 수학은 지난 학기 지필고사 평균이 95점 이상이었기 때문에 선행 학습을 했다. 95점 미만인 영어도 처음에는 선행 학습을 고려했으나 학습 게시판을 통한 문의 후에 영역별로 선행 학습과 복습을 달리하기로 했다. 듣기와 문법 능력은 뛰어났지만 말하기와 쓰기 능력은 부족한 상태였는데 본인의 현 실력을 최대한 세부적으로 파악한 후, 목표를 세워 공부를 하는 편이 가장 집중력을 높여 줄 수 있다는 조언 때문이었다. 다음 학기, 결과는? 영어와 수학 모두 성적이 상승했다.

솔직히 수학 점수가 하위권인 학생들의 경우, 방학 동안 수학 인강을 통한 점수 상승은 쉽지 않다. 대신, 기본기를 탄탄히 다지고 다음 학기의 내용을 따라잡는 수준 정도가 현실적인 목표가 될 수 있다. 많은 사교육 회사들이 중학생들의 고민인 '수학 점수'를 방학 기간에 대폭 상승시켜 줄 수 있는 것처럼 말하지만 필자는 동의하지 않는다. 오히려 수학 점수는 중위권 이상의 성적을 보이는 학생들이 성적 역전을 일으킬 가능성이 높다.

수학만큼은 본인의 레벨과 맞는 수업을 들어야 한다. 현재 기본기가 갖춰지지 않은 상태인데 강좌는 수학 심화 강좌를 선택하면 그야말로 돈 낭비다. 실질적으로 문제를 풀어서 성적을 높이는 강좌 자체가 하위권 학생들에게는 맞지 않는다. 중위권 학생들이 시간적 여유가 있는 방학 기간에 심화 강좌를 3번 이상 반복 수강을 한다면 성적 역전을 노려 볼 만하다.

하지만 영어는 다르다. 수학은 하위권 학생이 방학 동안 열심히 공부했다고 하루 아침에 상위권 학생을 이기는 경우가 거의 없지만 영어는 좀 다르다. 영어 과목 자체의 점수를 뒤집을 수는 없으나 영역별로는 하위권 학생도 개학 후에 상위권으로 도약하는 모습을 종종 보인다. 수학은 앞의 내용을 모른다면 뒤의 내용을 파악하기 쉽지 않다. 반면에 영어는 앞의 단원 내용을 이해하지 못했어도 뒤의 단원 내용은 나의 문법, 독해, 듣기, 어휘 등 영역별 수준에 따라 이해하는 부분이 더 많을 수도 있다. 따라서, 본인에게 보충이 필요한 영역이 무엇인지 파악하는 부분이 중요하다. 중학교는 방학이 총 6번 있다. 방학 때, 부족한 영역을 하나씩만 마스터 해도 영역별 기초 실력은 쌓을 수 있다.

수학과 달리 영어는 국가영어능력평가 시험의 종류도 다양하기 때문에 본인이 실력만 있다면 굳이 본인의 학년에 맞는 수업을 듣지 않고 특정 영역의 시험 대비 강좌를 듣는 것도 하나의 방법이다. 내가 문법은 자신 있는데 말하기가 약할 수 있다. 그렇다면 문법은 선행 학습을 하고 말하기는 아래 학년 수업을 듣는 방식으로 본인 수준의 강좌를 찾아 듣도록 한다.

안타까운 현실이지만 많은 학생들이 미리 영어만큼은 선행 학습을 하고 온다. 때문에 학교 수업이 당연히 기본임에도 불구하고 학교 수업만으로는 상위권으로 올라가는 데 한계가 있다. 현실적으로 동일한 레벨의 수업을 반 학생 전원이 똑같이 듣는 것 자체가 문제가 있다. 영역별로 다시 한 번 본인에게 필요한 강좌를 찾아 방학 동안 성적을 역전시키도록 하자.

방학은 학기 중보다 공부 의지가 약해져서 어려운 문제가 나오면 포기하거나 쉽게 답을 먼저 확인하는 경우가 많아진다. 특히, 중학생들이 가장 어려워하는 과목인 수학의 경우 빈번해진다. 답과 해설을 보며 '해설을 보니 어려운 문제가 아니었네'라는 생각을 하며 쉽게 다음 문제로 넘어간다. 하지만 일주일이 지난 후, 다시 한 번 같은 문제를 풀어 보자. 처음 본 문제나 마찬가지 상태가 된다. 방학 기간에는 굳은 마음이 필요하다. 아래와 같은 순서로 학습을 하자.

1. 교재 또는 교과서 강의를 통해 개념을 먼저 익힌다.
2. 스스로 문제를 푼다.
3. 선생님의 해설 강의를 들으며 틀린 문제를 일차적으로 복습한다.
4. 오답 노트를 작성한다.
5. 작성한 오답 노트는 바로 다시 공부하지 말고 일주일이 지난 후 복습한다.

[시기별 계획] 학기 중_본인의 성적에 따른 예, 복습을 철저히 하자

학기 중은 철저하게 본인의 성적에 알맞은 수업을 들으며 본인 스스로를 자극시켜야 중도 포기가 생기지 않는다. 객관적으로 자기 자신을 판단하는 능력은 완강으로 가는 필수 항목이며 실제로 사교육 채널을 선택하는 데 중요한 요소이다. 수강할 강좌는 본인에게 필요한 부분과 성적에 따라 크게 3가지로 구분할 수 있다.

1. (중, 하위권) 현재 학교 진도에 충실하고자 한다면 : 내신 강좌
2. (상위권) 현재 학교 진도보다 앞서 나가고자 한다면 : 고등 예습 강좌
3. (중위권) 고난이도 문제와 새로운 평가 유형에 보완이 필요하다면 :
   서술형/수행평가 대비 강좌

현재 내신 준비를 마무리한 상위권 학생 중 과학고 또는 영재고 진학을 노리는 친구는 '학생부 종합 전형'에 필요한 비교과 영역에 대한 준비를 할 시간도 필요하기 때문에 긴 호흡의 내신 강좌보다는 주요 과목의 고등 예습 강좌를 수강하는 편이 낫다.

중위권 학생들은 내신 강좌를 꼼꼼히 학습해 성적을 점프할 수 있는 기회를 마련해야 한다. 정규 강좌와 '서술형/수행평가' 대비 강좌를 동시에 수강한다면 고난이도 문제에 대비하는 능력을 기를 수 있다.

현재 성적이 하위권이라면 우선 취약 과목의 내신 정규 강좌를 무한 반복하며 듣자. 그리고 학교 수업에서 어려웠던 부분을 골라 다시 한 번 수강하여 최소 3번 이상 공부하자.

개학을 하면 학교 진도에 맞춰 위에서 선택한 강좌의 수강이 이뤄져야 한다. 사교육은 어디까지나 공교육을 보조하는 수단이다. 학교 수업 내용을 이해하지 못한 채 인강을 통해 새로운 내용을 습득하는 것은 학교 성적 및 선행 학습의 두 마리 토끼를 다 놓치는 격이 된다. 매일 인강을 통해 학교 수업 시간의 핵심 내용을 중심으로 이해하지 못한 부분을 복습

하고 취약 과목은 예습하는 습관을 기르자.

인강으로 복습을 하기 위해서 학교 수업 시간에 잘 이해되지 않는 부분을 표시해 놓고, 인강을 들을 때 그 부분을 반복해서 듣자. 인강의 장점을 충분히 살리자. 굳이 강의를 처음부터 끝까지 들을 필요는 없다. 본인이 필요한 부분과 수업을 들으면서 이해하지 못한 부분만 들어도 된다. 듣기 싫은 강의를 듣고 있으면 집중력도 떨어지고 집중력이 떨어지면 당연히 다른 생각이 난다. 억지로 들을 필요 없다. 2배속으로 들어도 되고 굳이 수강할 필요 없는 구간은 건너뛰기 기능을 사용하자. 수강률 100%는 아무런 의미가 없다. 높은 수강률을 자랑하는 인강업체가 많은데 신경 쓰지 말자. 나한테 필요한 부분만 수강하는 스킬이 더 중요하고 시험 점수를 높이는 데 효과적이다.

힘든 운동을 하기 전에 가볍게 워밍업을 하는 것처럼 어려운 과목도 공부 전에 예습이 필요하다. 인강을 통해 내일 학교에서 배울 단원을 간략하게 훑어보는 정도의 예습하는 습관이 실제 학교 수업을 들을 때, 집중력과 이해력을 높여 준다. 또한, 집으로 돌아와 오늘 학교에서 배운 내용을 인강으로 다시 한 번 복습한다면 동일한 내용을 3번 반복하여 공부하는 효과를 볼 수 있다. 학기 중에 인강을 들으며 상위권을 유지하는 학생들은 아래와 같은 학습법을 사용한다.

1. 학교 수업 내용을 잊기 전에 방과 후에 바로 인강을 듣고 정리한다.
2. 학교에서 이해하지 못한 개념은 관련 강의를 반복적으로 수강한다.
3. 내일 학교 수업 내용 중 가장 중요한 부분은 인강을 통해 미리 예습을 한다.

[시기별 계획] 시험 기간_암기하고 계획대로 수강하자

인강을 통해 시험을 준비할 때는 시험 준비 기간을 짧고 굵게 잡는 것보다 길고 가늘게 잡도록 한다. 학교 시험같이 정해진 기간에 일주일 이내로 보는 시험은 오랜 시간 반복해서 암기하는 편이 짧은 기간 동안 전력 투구하여 암기하는 것보다 더 유리하다. 학교 시험은 결국 '암기' 싸움이다. 시험 현장에서 기억할 수 있는 암기력이 필요하므로 순간적인 집중력이 아닌 장기적으로 기억할 수 있는 암기력이 필요하다. 수업 시간에 들은 내용은 평균적으로 50~80%는 복습하지 않으면 잊게 된다. 대신, 오늘 배운 내용을 10분 이상 복습한다면 모든 내용을 이해했다는 가정하에 100% 기억도 가능하다. 그리고 시험 기간 한 달 전부터 시험 직전까지 총 3번을 반복 학습 한다면 장기 기억으로 남는 것이 가능할 수 있다.

많은 대중들 앞에서 프레젠테이션을 할 경우, '3P'의 중요성을 많이들 말한다. '3P'는 Purpose, People, Place를 뜻한다. 하지만 또 한편으로 '3P'를 정의하는 경우도 있다. 바로 'Practice, Practice, Practice'이다. 지독한 연습을 반복하는 과정이 실력을 기를 수 있다는 것이다. 시험도 마찬가지다. 반복하여 암기하면 목표를 이룰 수 있다.

한 달을 공부 기간으로 잡자. 초반 2주 동안 시험 범위 내용을 정리하고 그 다음 주는 문제 풀이를 진행하자. 시험 전 주에는 최종 정리를 통해 동일한 내용을 총 3번을 반복하도록 한다. 몇 년간 공부한 내용을 테스트하는 수능시험이라면 이야기가 달라지지만 몇 개월간 배운 내용이 시험 범위이기 때문에 최대한 같은 내용으로 여러 번 뇌를 자극하는 편이 장기 기억에 유리하다.

구체적으로 살펴보면, 시험이 한 달 남은 시점에서 수강할 과목별 시간 분배를 한 인강 계획표를 만들어 개념 정리를 시작하자. 중간 및 기말 고사 3주 전에는 내신 시험 특강이 오픈된다. 시간이 없는 학생들이 시험 범위 요점을 정리하고 실전 문제 풀이를 하기에 적합하다. 이미 준비가 어느 정도 된 상태라면 별도의 비용을 들이지 않고 기존에 수강하고 있는 내신 정규 강좌를 반복 학습해도 문제가 없다.

시험 2주 전부터는 문제풀이를 시작하자. 비록 본인이 이해하지 못한 부분이 있어도 계속 개념 공부만 잡고 있을 수는 없다. 시험이 임박할수록 시험 문제에 나올 내용을 학교 수업 시간에 선생님이 언급할 가능성이 높다. 학교 수업 내용의 노트 필기를 꼼꼼히 하여 관련된 부분은 인강을 통해 문제풀이를 할 수 있도록 한다. 아무리 계획을 완벽하게 세웠더라도 막상 시험이 2주 밖에 남지 않으면 마음의 여유가 별로 없다. 효율적으로 준비하기 위해서 시험 기간이 아닌 평소에 자신이 부족한 부분을 잘 체크하고 그 부분을 중심으로 시험 준비 기간에 집중적으로 파고드는 전략이 필요하다. 내신 성적은 사실상 '정해진 시간 안에 시험에 나올 내용을 누가 더 자주 반복해서 공부했는가'에 따라 성적이 결정된다.

시험이 다가오면서 계획대로 시험 준비가 잘 이루어진다면 좋겠지만 그렇지 않을 수도 있다. 그렇다면 새로운 내용을 습득하려 노력하지 말고 본인이 들었던 강좌를 다시 한 번 복습하자. 시간이 많지 않기 때문에 일명 '벼락치기' 공부 방법을 사용할 수밖에 없다. 우선, 그동안 들었던 인강의 시험 범위 강좌 중에 단기간 성적 향상을 위해 이해보다는 암기가 필요한 과목 중심으로 주요 부분만 뽑아서 듣는다. 지금 와서 몰랐던 수학 공식을 대입해 지식을 쌓기에는 너무 늦었다. 오답 노트를 통해 맞힌 문제의 수업 부분은 건너뛰고 틀린 문제의 관련 부분만 수강하자. 이제는 다음에 공부할 시간이 없으므로 즉시 문제 해설 강의를 통해 복습해야 한다. 가능한 양적으로 많은 문제 유형을 접하자.

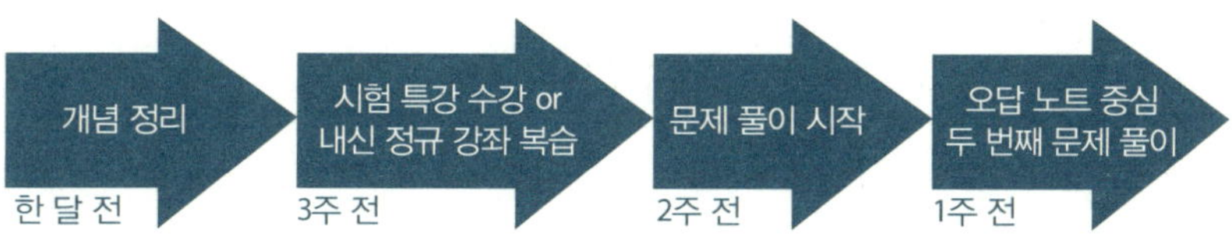

포기하지 않는 학습법

인강으로 공부하기 어려워하는 두 번째 이유는 '지속적으로 공부하기가 쉽지 않다'이다. 왜 학원을 다니면 꾸준히 공부를 할 수 있는데 인강으로 공부하면 꾸준히 공부를 하지 못할까? 결론적으로 이야기하면 기분 탓이다. 채널 탓이 아니다. 학원에 앉아 있을 때와 모니터 앞에 앉아 있을 때, 발휘할 수 있는 공부 능력은 동일하다. 학원에 간다고 해서 공부를 잘할 수 있는 폭발적인 에너지가 생성되는 것은 아니다. 즉, 온라인과 오프라인이라는 공간의 차이일 뿐, 본인의 공부 실력은 전혀 변화가 없다. 혼자이기 때문에 의지력이 약해질 뿐이다. 혼자서도 인강을 수강하며 중도에 포기하지 않고 끝까지 공부할 수 있는 방법을 경우별로 살펴보자.

복습용으로 공부하는 경우

인강으로 복습을 하기 위해서는 교과서와 긴밀하게 연관하여 공부를 해야 학교 수업과 인강 수업이 톱니바퀴처럼 돌아갈 수 있다. 인강을 중도 포기 하지 않고 끝까지 수강하기 위해서는 교과서 공부에 충실해야 한다. 처음부터 끝까지 강좌를 수강할 계획이 아니라면 학교에서 배운 내용 중

어느 부분을 인강으로 복습할지 정할 수 있어야 하기 때문이다.

교과서 공부를 시작한다고 하면 1장부터 무작정 공부하는 학생들이 있는데 '목차'를 절대 무시하지 말자. 각 소단원의 제목이 바로 시험 문제이며 정답이다. 목차에 나온 단어들은 책을 대표하는 키워드다. 가장 중요하다는 뜻이다. 소단원의 제목을 중심으로 교과서를 꼼꼼하게 이해될 때까지 읽자. 내용을 전부 읽었다면 소단원의 제목을 다시 한 번 생각해 보자. 내가 지금까지 공부한 내용을 함축하고 있다. 그 후에 이제까지 읽은 교과서의 내용을 A4 용지에 전부 써 보자. 교과서와 비교하면서 부족한 부분은 빨간색으로 보충하고 틀린 부분은 파란색으로 고치자. 이 작업을 종이 위에 빨간색과 파란색이 보이지 않을 때까지 반복하자. 교과서를 읽을 때는 분명 본인이 모든 내용을 알 것 같다. 하지만 아무것도 없는 A4 용지에 처음부터 본인이 내용을 써 내려가면 분명 알지 못하는 부분이 발견된다. 교과서를 공부하면서 모르는 부분만 전략적으로 선택해서 인강으로 보충한다면 학원을 다니는 것보다 효율적으로 공부할 수 있다.

인강의 최대 단점으로 꼽히는 선생님이 옆에 있지 않다는 점도 사실 논란의 여지가 있다. 선생님이 같이 있느냐, 모니터 속에 있느냐보다 더 중요한 점은 '공부하는 학생이 선생님처럼 누군가를 가르칠 만큼 공부를 했느냐'이기 때문이다. 공부를 끝마쳤다면 옆에 친구가 있다고 생각하고 설명해 보자. 내가 가르칠 수 있을 만큼 공부했는지의 여부가 나를 가르치는 사람이 옆에 있는지의 여부보다 더 중요하다.

인강으로 복습하면서 매일 공부하는 시간이 부족한 상태라면 본인의 수강 상태를 재점검할 필요가 있다. 인강은 시간을 효율적으로 분배하여 공부하기 가장 좋은 공부 채널이기 때문이다. 예를 들어, 문제 풀이 강의의 경우, 비슷한 유형의 문제는 묶어서, 수를 줄인 후에 강의를 들으면 시간 절약이 가능하다. 유형별 문제에 소비하는 시간은 최소화시키고, 단원평가 문제와 서술형 문제 등에 시간을 더 소비하는 방식으로 공부하면 더 효율적이다. 모든 강의를 완강할 이유가 전혀 없다. 하나의 강의를 전체 다 들을 필요 없이 학교 수업 시간에 체크한 부분과 어려운 부분만 선택해서 듣자. '인덱스 기능'을 활용하면 본인이 원하는 부분만 쉽게 찾을 수 있으므로 짧은 시간 동안 필요한 부분을 집중해서 들을 수 있다. 인강은 '끝까지 듣기 힘들다'라는 말을 하는데 이는 잘못된 표현이다. 인강 자체가 처음부터 끝까지 강의를 수동적으로 수강하라고 만든 프로그램이 아니기 때문이다.

복습은 배운 내용을 바탕으로 다양한 문제를 접해 보는 것이 중요하다. 학원에 비해서 인강이 자료가 불충분하다는 이야기도 나오지만 실제로는 개념 설명, 심화, 문제와 문제 풀이까지 다양하다. 학원처럼 주는 자료만이 아닌 본인이 원하는 자료를 다운받기도 편리하다. 문제는 본인이 다운받지 않을 뿐이다. 필요한 부분이 있으면 요청해도 금방 업데이트가 된다.

인강으로 복습하면서 사용하지 말아야 할 기능 중 하나가 '일시 정지'다. 유용하게 사용할 수도 있지만 흐름이 끊긴다. 학원 수업을 일시 정지 시킬 수 있을까? 한번 사용하기 시작하면 계속 사용하게 된다. 정말 불가피한 상황이 아니라면 한 번에 끝까지 들어야 한다. 2배속으로 수업은 들어도 중간에 끊으면 안 된다. 다시 한 번 복습하는 편이 낫다.

예습용으로 공부하는 경우

　지속적으로 하는 이야기지만 예습을 너무 무겁게 하지 말자. 그럼 본 공부에서 지친다. 예습은 부담이 가지 않는 선에서 진행하자. 1시간~1시간 30분 사이에 끊자. 예습은 모르는 내용을 미리 보기 때문에 복습보다 집중력이 떨어질 가능성이 높다. 짧은 시간 안에 몰입하는 자세로 공부하자.

　예습은 강의 내용에 대한 이해력이 떨어지기 때문에 그냥 팔짱 끼고 듣기 쉽지만 가볍게 공부하라는 의미가 가만히 수강하라는 의미는 아니다. 반드시 필기를 하자. 필기를 하면서 내일 학교 수업 시간에 집중해서 들어야 할 부분을 체크하자. 학교 수업 시간 45분 내내 집중하기 힘들다면 최소한 예습하면서 체크한 부분에 관련된 내용만이라도 집중해야 하는 포인트를 스스로 파악하자.

　예습은 한 번 하지 않기 시작하면 '내일 학교 가서 공부하지 뭐'라는 마음을 쉽게 만든다. 진도가 밀리면 의지는 나약해진다. 그래서 예습은 조금씩이라도 꾸준히 해야 한다. 특히, 시험 기간에는 조급한 마음을 갖고 예습을 할 수밖에 없다. 시간이 많지 않기 때문이다. 3시간씩 3일 공부하는 것보다 1시간씩 7일 공부하는 편이 더 효율적이다. 예습은 부담 가지 않는 선에서 대신 매일 하는 습관이 가장 좋다.

　수행평가가 많은 학교의 경우, 학기 중에 인강을 규칙적으로 수강하는 것은 쉽지 않다. 방학 기간에만 예습하는 용도로 사용하는 것도 하나의 대안이 될 수 있다. 이때, 중요한 점은 방학이 방학식부터라고 생각하면 안 되는 점이다. 방학은 이미 기말고사 직후부터 시작된다. 학기 중과 방학 사이에 공부의 흐름이 끊길 수 있기 때문이다. 기말고사 종료 다음 날부터 다음 학기 개학 전까지를 방학이라고 생각하고 예습 계획을 짜자.

방학 기간은 수강생이 진도가 밀릴 가능성이 크기 때문에 인강 선생님들은 본인만의 이벤트를 준비한다. 방학 기간에만 운영되는 특별 관리 시스템이나 본인의 수강생만을 위한 온라인 공간을 만들기도 한다. 이를 통해, 지속적으로 동기부여를 받고 주변 친구들이 공부하는 모습도 살펴볼 수 있기 때문에 자극을 받을 수도 있다. 매일 같은 시각에 같은 장소에서 예습을 하는 습관을 통해 스스로에게 공부에 대한 성실성을 만들 수 있도록 하자.

취약 과목만 수강하는 경우

취약한 과목만 수강하는 경우, 전 과목이 아니기 때문에 인강을 수강하는 마음가짐이 가벼워져서 하루의 공부 시간 중 소수의 시간만 할애할 가능성이 있다. 하지만 인강처럼 취약 과목을 반복적으로 공략할 수 있는 공부 채널은 없다. 오히려 시간을 조금 더 투자하라고 추천하고 싶다. 취약 과목이 아니라 여러 과목의 어려운 단원을 공부할 때, 역시 마찬가지다. 취약 과목의 인강을 수강한다는 자체가 본인의 성적과 학습 스타일을 어느 정도 파악하고 있다는 이야기이므로 인강을 통한 성적 향상의 여지가 충분히 있다.

특히, 국어와 영어 같은 언어 과목의 성적이 하위권인 학생이라면 전 범위 내신 강의는 버거울 수 있다. 어차피 취약 과목의 방대한 분량을 수강하고 있으면 이해가 되지 않고, 이해를 못하면 지루해지고 곧 수강을 중단할 가능성이 높아진다. 하나의 영역을 정해서 집중적으로 파고들며 반복을 통한 영역별 기초 실력을 다지자. 학원에서는 할 수 없는 부분이고 과외도 비용적인 한계가 있다.

우리의 목표는 단순히 강좌 수강이 아니다. 강좌를 수강한 후에 복습을 하고 결론적으로 취약점을 보완해 내신 시험의 성적을 잘 받는 것이다. 취약 과목은 어렵기 때문에 포기할 확률이 높지만 계획에 맞춰 꾸준히 수강한다면 그 어느 경우보다도 성적을 높일 수 있다.

취약 과목은 강의를 듣고 이해하는 데만 시간이 꽤 많이 소비된다. 그래서 수강 시간을 넉넉히 잡고 공부를 해야 중도 포기를 방지할 수 있다. 너무 빡빡한 스케줄은 포기를 부른다. 예상하지 못한 일이 발생하거나 어려운 부분에 막혀 여러 번 반복하여 수강하는 경우가 생길 수도 있으므로 일주일의 하루는 계획을 세우지 않고 어려웠던 부분을 보충하는 형식으로 계획을 잡는 센스가 필요하다.

학원과 병행하며 인강을 수강할 경우

많은 학생들이 학원을 다니면서 부족한 부분을 보충하기 위해 인강을 수강한다. 이때는 학교와 학원과 인강의 적절한 3박자가 갖춰져야 한다. 학교 수업이 머릿속에서 정리가 되기도 전에 학원에서 새로운 내용을 습득하는 것보다 인강을 통해 학교 수업에서 부족한 내용을 보충하고 학원에서 배울 내용을 한번 훑어볼 수 있다면 굉장히 효율이 높아진다.

공부할 시간이 부족하다면 계획을 점검하자. 계획에 따라 공부하는 학생들은 본인이 체계적으로 하루 생활을 보낸다고 착각하기 쉬운데 의외로 자투리 시간만 모아도 꽤 큰 시간이 되는 경우가 있다. 30분 일찍 일어나 등교해서 휴대전화로 오늘 배울 수업의 핵심 부분만 수강하는 방법도 있고 더 굳은 의지가 있다면 점심을 먹고 10~20분 정도를 할애해 오후 수업 중에 가장 취약한 한 과목의 주요 내용만 2배속으로 들을 수도 있다. 상대적으로 시간이 넉넉한 방학은 학원과 인강의 병행이 용이하지만 학기 중에는 아무렇지 않게 낭비하고 있는 시간을 조합해 단원의 핵심 내용과 어려운 부분 위주로 수강하는 것도 하나의 방법이다. 강의를 꼭 사이트에 접속하지 않더라도 미리 강의를 다운로드 해 놓고 시간이 될 때마다 틈틈이 대중교통 안에서 수강하는 방법도 고려할 수 있다.

학원과 병행하며 인강을 수강해도 여전히 가장 중요한 부분은 '진도가 밀리지 않기 위해 철저한 계획 세우기'이다. 학원이 당연히 인강보다 우선시될 수밖에 없다. 당장 숙제를 하지 않으면 학원 선생님에게 혼날 수도 있고 인강보다 본인을 제어하는 장치가 많기 때문이다. 플래너 또는 다이어리를 2등분 하여 학원과 인강의 스케줄을 별도로 작성하자. 하나의 계획표에 작성하면 인강이 우선순위에서 밀리기 때문이다. 계획은 반드시 일일 계획이어야 실천할 확률이 높아진다. 수강한 과목은 체크 표시를 하고 수강할 과목은 볼펜의 색을 달리해 시각적으로 본인의 계획 달성률을 한눈에 파악할 수 있도록 하자.

몰입을 하게 하는 학습법

인강을 선택하기에 앞서 주저하게 되는 마지막 이유는 '내가 과연 끝까지 집중해서 강의를 수강할 수 있을까?'라는 생각이다. 혼자 컴퓨터 앞에 앉아서 지속적으로 집중해서 공부할 자신이 없는 것이다. 사교육을 시작하기 전에 갖춰야 할 일반적인 집중력을 앞에서 말했다면 지금부터는 인강에 특화된 집중력을 키우는 법을 말하고자 한다.

변화를 통해 집중력을 올릴 수 있다

인강을 집중해서 듣고 싶다면 가장 중요한 조건은 머릿속의 상태가 공부를 하겠다는 생각만 있어야 한다는 점이다. 아무리 강의를 많이 듣고 문제집을 많이 풀더라도, 효율적으로 집중하여 인강을 수강하지 못한다면 목표를 완수하기까지 걸리는 시간은 점점 길어진다. 수업을 들으면서 딴짓을 하거나 집중하지 않아 선생님이 강조하는 내용을 듣지 못한다면 말짱 꽝이다. 그래서 수업만 생각할 수 있도록 집중력을 모아 주는 과정이 필요하다.

계속 컴퓨터 모니터 앞에만 앉아 있는다면 수업에만 집중하기 쉽지 않

다. 시험 3~4주 전부터는 집이 아닌 도서관 같은 다른 공간에서 공부를
병행하는 방법을 추천한다. 인강으로 내일 수업 내용의 예습을 한다면 도
서관에 갔다 와서 인강을 수강하거나 인강으로 오늘 학교 수업 내용의 복
습을 한다면 도서관에서 공부를 하기 전에 수강하자. 굳이 이렇게 하는
이유는 단순히 장소의 변경이 아니라 환경의 변화를 통한 집중력을 높이
는 작업을 하기 위해서다. 한 자리에서 4시간 동안 집중력을 유지하는 것
은 쉽지 않다. 하지만 시간의 단위를 쪼개어 도서관에서 2시간, 집에서 2
시간씩 장소당 2시간만 집중하면 되는 환경은 도전해 볼 만 하다. 50분을
공부했다면 10분 동안은 50분간 공부한 내용을 요약해 보는 시간을 갖는
것도 추천한다. 공부하는 중간의 복습 단계는 암기 상황을 점검하면서도
스스로 긴장감을 갖고 공부할 수 있도록 도와준다.

컴퓨터를 통해 인강을 수강하면서 집중력이 떨어진다면 PC를 태블릿
PC로 변경하는 방법도 고려해 볼 만하다. 컴퓨터는 사이트 차단 기능을
실행해도 본인의 마음이 하늘에 붕 떠 있으면 진도가 나가지 못한다. 오
히려 타 사이트 차단 기능을 잠시 해제할까 말까 고민하는 시간이 생긴
다. 일반 PC보다 태블릿 PC로 강의를 들으면 다른 사이트에 접속하는 과
정이 더 까다로워진다. 단순히 학습 방식이 아닌 공부하는 기기의 변경
도 고려해 볼 필요가 있다.

방해 요소를 제어하자

인강을 수강할 때, 집중력을 저해하는 몇 가지 요소가 있는데 첫 번째
는 '승부욕'이다. 승부욕이 강한 친구들이 있다. 적당한 승부욕은 분명 도
움이 된다. 하지만 문제는 적당함을 넘어섰을 때다. 승부욕이 강하면 성

적에 대한 스트레스도 커진다. 그리고 이제는 중간 및 기말고사가 폐지되는 추세와 함께 학기 중에 평가를 보는 횟수가 늘어나고 있다. 주요 과목뿐만 아니라 예체능 과목도 시연형 수행평가가 있기 때문에 승부욕이 강한 학생은 스트레스를 받는 경우가 더욱 늘어났다. 스트레스가 있는 상태에서 인강을 집중해서 공부하기란 어렵다.

누구나 최선을 다한다. 하지만 문제는 최선을 다한 만큼 결과가 나오지 않았을 때다. 승부욕이 강한 친구들은 상실감도 크고 스트레스는 극에 달한다. 정말 최선을 다했는지 본인에게 되물어 보자. '6시부터 9시까지 공부하기'라는 목표를 세우면 3시간 동안 공부는 한다. 그런데 여기서 문제는 '정말 3시간 동안 단 한 순간도 딴생각 하지 않고 공부에 집중했느냐'이다. 중요한 부분은 시간이 아니다. '그 시간 동안 본인이 노력해서 원하는 바를 이루었느냐'가 핵심이다.

본인의 승부욕을 역으로 이용하자. 3시간 공부하던 시간을 2시간으로 줄이면서 공부 분량은 그대로 유지해 보자. 대신에 인강을 수강하는 2시간 만큼은 정말 최선을 다해서 몰입하자. 승부욕이 강한 친구들은 목표를 달성하면 쾌감 역시 크게 느낀다. 2시간 안에 목표를 달성했다면 나머지 1시간은 본인을 위한 시간으로 선물하자. 목표를 달성하지 못하면 불평불만을 늘어놓는 친구가 있는가 하면, 다음 번에는 어떻게 하면 더 잘할 수 있을지 생각을 하는 친구도 있다. 즉, '마음먹기'에 따라 승부욕도 긍정적으로 바꿀 수 있다.

두 번째 방해 요소는 '휴대전화'이다. 휴대전화는 대부분의 학생들이 '제1의 방해 요소'로 꼽는다. 스스로 휴대전화 사용 시간을 제어할 자신이 없다면 휴대전화 사용을 통제하는 어플을 설치해서 지정한 시간에만 휴대전화를 사용하자. 1시간 공부하고 10분 쉬는 시간에만 휴대전화를 하는 것이다. 그런데 양심적으로 생각해 보자. 정말 딱 10분만 휴대전화를 하고 전원을 끌 수 있는가? 완전 불가능하다. 10분이면 본격적으로 휴대전화를 하기에도 모자란 시간이다. 친구들과 채팅이나 게임을 하면 1시간은 기본이다. 다시 집중하여 공부하려고 노력해도 눈 앞에 휴대전화가 아른거린다. 강제적으로 휴대전화를 사용하지 못하게 하는 편이 가장 현실적이다.

세 번째는 '걱정'이다. 걱정이 많은 성격 때문에 고민을 호소하는 친구들이 의외로 많다. 컴퓨터 앞에 앉아서 시험 걱정, 친구 걱정, 미래 걱정 등을 하다가 시간은 훌쩍 지나가고 잠이 들거나 공부를 접는 현상이 벌어지는 것이다. 이를 극복하기 위한 본인만의 방법을 찾아야 하는데 가장 효과적인 방법은 '마인드 컨트롤과 운동'이다.

실제로 우리가 하고 있는 걱정의 70%는 벌어지지 않은 일에 대한 걱정이다. 그리고 20%는 걱정해도 내가 바꿀 수 없는 일에 대한 걱정이다. 나머지 10% 정도가 우리가 걱정을 하면 상황이 좋아질 수 있는 부분에 대한 걱정이다. 너무 걱정하지 말자. 시험 기간에 다른 친구들에 비해 스트레스를 많이 받는 학생들이 꼭 있다. 시험 결과에 대한 걱정이 많은 타입의 학생들은 스트레스를 많이 받고 이로 인해 우울해지기 쉽다. 우울하면 밥맛도 없다. 탄수화물을 섭취하지 않으면서 체력도 약해지고 체력이 약해지면 당연히 집중력도 저하된다. 하지만 시험 결과에 대해 걱정은 정말 그야말로 걱정일 뿐이다. 내가 시험을 걱정한다고 해서 시험 문제가 나에게 유리하게 출제되지도 않으며 이미 시험을 본 상태라면 더욱이 내가 바꿀 수 있는 현실적인 부분은 아무것도 없다.

집중력이 방해될 정도로 정신 상태를 흔드는 걱정이 있다면 컴퓨터를 끄고 차라리 운동을 하고 자리로 돌아오자. 동네 한 바퀴를 뛰어도 좋고 팔굽혀펴기는 더 좋다. 집 앞에서 줄넘기를 하며 땀을 빼는 것도 우울함을 없애는 데 효과적이다. 운동은 실제로 스트레스로 인한 다양한 부작용을 막아 준다. 심리적으로 안정감을 가져다주며 큰 근육을 사용하면 좌절감, 분노 등의 감정을 떨쳐 버리는 데 도움이 된다. 운동은 '부작용이 없는 신경 안정제'다. 주기적인 운동은 몸에 적절한 피로감을 안겨 달콤한 꿀잠을 자게 만들어 주며 정신 및 육체에도 도움이 된다. 몸이 건강하면 집중력에도 도움이 된다.

책상 앞에 스스로를 응원하는 문구도 붙여 놓자. 그리고 강의를 듣기 전에 큰 소리로 그 문장을 외치자. 힘을 내고 싶으면 스스로 격려해야 한다. 제3자의 힘을 빌려 스트레스를 해소하는 학생은 그 누군가의 도움을 받지 않으면 아무것도 해결하지 못하는 상태에 빠진다. 스스로를 믿고 응원하자.

최고의 사교육은 독서

독서도 습관이 되면 재미있다

독서의 장점은 두말하면 잔소리다. 학생을 떠나서 성인에게도 독서를 권하는 사회다. 우리는 왜 책을 읽는가? 대한민국처럼 와이파이 시설이 잘되어 있고 최신 휴대전화를 모든 국민이 소유하고 있는 나라도 없다. 휴대전화를 통해서 언제 어디서든 원하는 정보를 바로 얻을 수 있다. 그럼에도 책을 읽으라고 한다.

독서를 하는 이유는 제각각이다. 좀 더 함축된 지식을 객관적으로 얻기 위해 책을 읽는 사람도 있고 제대로 된 정보를 효율적으로 보유하고 싶어서 책을 구매하는 사람도 있다. 우리 부모 세대는 책이 외부의 지식을 얻을 수 있는 유일한 채널이기도 했다. 그런데 세상이 변했다. 지금의 중학생들은 독서가 아니어도 원하는 정보를 쉽게 얻을 수 있다. 그렇다면 중학생은 독서에 대해 어떤 생각을 하고 있을까?

독서가 꼭 필요하다고 생각하는 학생들은 그리 많지 않다. 이미 학생이라는 신분 자체가 학교에서는 교과서를 봐야 하고 방과 후에는 시험과 관련된 문제집을 억지로라도 보고 읽어야 한다. 이 때문에 이미 독서를 하고 있다는 생각을 갖기도 한다. 이런 와중에 별도의 시간을 또 내어 책을 읽는 부분에 대해 부정적으로 생각하는 것도 이해는 간다. 독서를 하는 시간이 수학 문제를 푸는 시간에 비해 아깝다는 생각을 갖는 학생들도 있고 해야 할 숙제도 많은데 독서 자체를 사치로 생각하는 학생들도 있다.

그렇지만 분명한 점은 독서만큼 생각하는 힘을 길러 주고 창의력 확장에 도움을 주는 수단은 없다는 점이다. 책을 읽는 습관을 길러야 한다. 이 습관을 통해 독서가 재미있다는 생각을 갖게 만들어야 한다. 독서 자체가 인강을 수강하는 데 직접적인 도움을 줄 수 없을지 몰라도 독서를 하면서 얻게 되는 부가적인 요소들은 인강을 수강하는 데 분명 도움이 된다.

결국 독서는 공부에 도움이 된다

지금 이 책을 읽고 있는 당신! 본인도 모르게 최고의 학습법인 '독서'를 하고 있다. 사교육을 통해 쉽게 얻을 수 없는 부분이 바로 글을 읽고 이해하고 추론하면서 사고력을 높이는 부분이다. 많은 논술 학원에서 가능한 것처럼 포장하지만 본인이 노력하지 않으면 절대 늘지 않는 실력이다.

성적이 일정 지점에서 정체되어 있는 학생들이 있다. 중위권까지는 반복적인 문제풀이가 성적을 향상시켜 주지만 상위권으로 도약하기 위해서는 서술형 문제와 창의력을 요하는 문제를 풀 수 있어야 한다. 이런 유형의 문제를 해결하지 못한다면 한계에 부딪히게 된다. 난이도가 높은 문제는 단순히 공부하는 시간을 늘리는 방법으로는 해결할 수 없다.

정말 인강으로 공부하는 데도 독서가 도움이 될까? 확실한 것은 크기의 차이는 있을지 몰라도 공부하는 데 도움이 된다. 인강 공부와 계속 붙어 다니는 단어가 '자기주도학습'이다. 독서를 하면 스스로 생각하는 능력이 길러지고 책을 읽으면서 상상의 나래를 펼칠 수 있다. 책과 관련된 부분을 스스로 찾아 공부하는 능력을 함양할 수 있고, 이를 토대로 스스로 공부하는 능력이 길러지는데 이는 곧, 자기주도학습 능력으로 연결된다.

우리가 모든 사람의 삶을 살 수 없고 모든 경우를 다 경험할 수 없다. 그래서 간접 경험이 필요한 법인데 이는 독서로 해결할 수 있다. 독서를 통해 타인의 삶을 이해한다는 것은 지금까지 세상을 바라보던 관점을 좀 더 넓히는 계기가 된다.

독서는 공부에도 직접적인 영향을 준다. 교육 정책의 대변혁이 일어나지 않는 한 수능시험이 사라지지는 않을 것이다. 그렇다면 지금의 중학생들도 수능시험을 치러야 할 텐데 학년이 올라갈수록 영역을 막론하고 문제는 복잡해지고 지문은 길어진다. 언어와 외국어 영역은 긴 지문을 얼마나 빠르게 소화하느냐가 고득점으로 가는 열쇠이기도 하다. 이 능력은 사교육을 통해 기르기 쉽지 않다. 아무리 속독 학원을 다닌다고 해도 정해진 시간 안에 주어진 문장의 의미를 정확하게 파악하는 능력은 단숨에 키워지지 않는다. 그래서 평소에도 글을 읽고 생각하는 연습이 필요하다. 언어 영역의 문제를 반복해서 푸는 것보다 독서를 하는 편이 장기적인 안목으로 봤을 때는 도움이 된다.

중학교 때 잘 다져 놓은 독서 습관은 단순히 입시를 넘어서 평생 책을 올바르게 읽을 수 있는 계기가 될 수 있다. 책을 많이 읽은 학생은 단순한 질문에서도 개성 넘치는 답변을 한다. '지구는 왜 둥글까?' 무슨 저런 질문을 하냐는 생각을 하겠지만 독서력을 지닌 학생들은 새로운 시각에서 접근을 시도한다. 축구공에 비교하기도 하고 과학책을 많이 읽은 아이들은 과학적으로 접근해 답변을 내놓기도 한다. 그리고 그들은 묘사에

탁월하다. 책을 통해 많은 문장을 접했고 작가들이 써 놓은 촘촘하고 빈틈없는 이야기를 보면서 성장하기 때문에 본인들의 생각 수준도 한층 더 고급화 과정을 거친다.

요즘 인문학 서적에 대한 관심이 많은데 인문학 서적 자체가 실질적으로 시험 성적을 높여 주지는 못한다. 하지만 책을 통해 관련 지식을 쌓고 사색할 수 있는 계기를 만들어 준다. 이 사색의 시간 동안 본인의 생각을 정리하고 전달하는 능력이 길러지고, 이 능력이 모여 다른 사람과 토론을 해도 밀리지 않는 원동력이 된다. 결국 토론 수업이 확장되고 있는 중학교 수업 방식에 독서는 또 도움이 된다.

중학교 재학 중에 단순히 책을 통해 시험 문제의 답을 찾아내는 능력만 기르고 있다면 너무나 안타깝게 시간을 보내고 있는 것이다. 오히려 독서를 통해 시험 문제를 하나라도 더 맞힌다는 생각보다 책과 친해지고 오랜 시간 앉아서 책을 읽을 수 있는 능력을 키워 내는 것이 장기적으로 더 도움이 된다. 독서는 단편적인 지식을 길러 주는 도구가 아니라 멀리 볼 수 있는 안목과 깊게 생각할 수 있는 능력을 키워 주는 원동력이다.

독서가 인성을 잡아 준다

독서는 요즘 같은 시대에 더욱 추천되어야 하는 공부 방식 중에 하나다. 시간이 지날수록 우리를 경악하게 만드는 청소년들의 사건 사고가 많아지고 있다. 무분별하게 폭력적인 게임과 과다한 미디어의 노출로 인해 요즘 청소년들의 인성과 관련된 문제는 더 이상 안이하게 두고볼 수 없는 상태에 이르렀다. 이런 상황에서 청소년들의 마음을 다스리게 하는 교육이 불가피 하다. 스스로 좋은 행동과 나쁜 행동을 판단할 수 있는 능력이 필요하다.

고학년으로 올라갈수록 독서는 우선순위에서 밀린다. 수학 문제를 풀어야 하고 영어 단어를 암기해야 하기 때문에 당장 성과가 나타나지 않는다는 이유로 독서는 뒤로 밀리게 된다. 또한, 찾고 싶은 정보는 스마트폰으로 쉽게 찾을 수 있어 굳이 책 안에서 필요한 내용을 찾지 않아도 된다고 생각해 따분한 활자체로 된 역동성이 없는 책을 멀리하는 실정이다. 청소년들은 누구의 제약도 받지 않고 저질의 정보를 쉽게 습득할 수 있게끔 노출되어 있다.

휴대전화의 사용 시간과 독서를 하는 시간은 반비례한다. 가장 좋은 두뇌 활동을 할 수 있는 시절을 시각적인 자극에 뺏기고 있는 것이다. 휴대전화의 전원을 끄는 시간이 필요하다. 강제적으로라도 책을 읽는 시간을 확보해야 한다. 독서 시간을 오래 두고 다독을 하란 소리는 아니다. 한 권의 책을 읽더라도 정해진 시간에 집중해서 노력이 필요하다.

독서는 '이해력'을 길러 준다. 단순히 글의 문장에 대한 이해력뿐만 아니라 사람과 사람 사이의 관계, 본인을 둘러싸고 있는 주변 세계에 대한 이해력이 높아진다. 작은 일에도 쉽게 분노하지 않으며 이해할 수 없는 상황이 벌어져도 그 상황을 받아들이려는 생각과 노력을 하게 된다. 정신 상태에 문제가 있는데 공부를 제대로 할 수 있을까 불가능하다. 공부를 넘어서 마음까지 다스려 주는 책을 읽는 시간이 필요하다.

어려운 문제를 두려워하지 않게 된다

초등학교에 비해 중학교는 상대적으로 교과서에서 다루는 단어가 어렵고, 문장도 길며 담겨 있는 뜻을 직접적으로 표현하지 않을 때가 있다.

그래서 중학교에 올라가면 교과서를 읽는 것 자체가 부담으로 다가오기도 한다. 그렇지만 독서가 교과서 단어 하나하나에 일희일비 하지 않게끔 도와줄 수 있다.

기존 교과서와 교재를 벗어나 다양한 분야의 책을 접한 친구들은 단어나 문장이 어렵다고 해서 좌절하지 않는다. 전체적인 숲을 보는 눈이 있기 때문이다. 그리고 교과서 외의 책을 읽으면서 수많은 새로운 표현을 접하여 책에 대한 두려움이 덜하다. 교과서 자체를 또 하나의 책이라고 생각하는 마음이 있기 때문이다.

사교육의 좋은 점이 무엇인가? 어려운 문제를 쉽게 알려 준다는 점이다. 옆에서 과외 선생님이 A부터 Z까지 모든 것을 설명해 주기 때문에 학생 스스로 어려운 문제를 해결하느라 고민할 필요가 없다. 학생들은 이와 같은 방식에 점점 적응하여 단순한 문제의 처리 능력은 향상되나 사고력을 요하는 난이도가 높은 문제는 엄두조차 내지 못하는 상황이 벌어진다. 물론, 어려운 내용을 쉽게 배우는 것은 효율적인 공부 방법이다. 사교육을 하는 이유이기도 하다. 문제는 '스스로 고민하는 시간' 자체를 학생들이 거부한다는 점이다.

스스로 고민하는 시간은 분명 필요하다. 고민도 사고력이 있어야 가능한데 이를 위해 지속적인 독서를 해야 한다. 책을 읽고 본인의 의견을 글로 써 보고 친구들과 토론하는 시간을 통해 본인의 생각을 논리적으로 말할 수 있는 힘을 기르고 어려운 문제에 도전할 수 있는 자세를 만들어야 한다. 그리고 나서 논술 학원을 찾아도 늦지 않다. 독서는 어려운 문제를 풀어 낼 수 있는 힘을 만들어 주는 학습법이다.

중학교 때, 자발적이 아닌 강제적인 독서 습관이 갖춰진다면 정작 가장 중요한 시기인 고등학교에 진학해서는 독서와 멀어질 수 있다. 본인이 궁금한 부분이 생기면 인터넷을 통해 빠르게 정보를 획득할 수는 있지만 깊고 유익한 정보를 얻으려면 책을 통해 얻을 수 있다는 것을 몸소 체험할 필요가 있다. 즉, 본인이 좋아하는 분야를 독서를 통해 공부하는 습관이 길러져야 한다. 물론, 그 습관이 쉽게 길러지지는 않는다.

초등학교에만 입학하면 집집마다 벽 한 켠을 차지하는 것이 있는데 바로 '전집'이다. 전집은 최소 몇십 권에서 몇백 권의 분량이다. 부모님은 그 전집을 처음부터 끝까지 읽는 자녀의 모습을 보며 뿌듯해하고, 아직 열 살 밖에 안 된 자녀는 무려 100권의 책을 강제로 읽어야 하는 고통을 당한다. 이 때문에 독서에 대한 흥미를 잃는 친구들도 나타난다. '한 권 읽는 것도 어려운데 그 과정은 100번을 더 해야 하다니.' 지레 겁먹고 포기하는 것이다. 독서가 부모 만족으로 이어지면 안 된다. 철저히 학생 본인이 좋아하는 분야를 찾고 그 분야의 책을 읽어 지식을 쌓는 과정이 필요하다.

처음에는 못생겨 보였던 연예인이 TV에서 얼굴을 자꾸 보다 보면 생각이 180도 바뀌어 잘생겨 보일 때가 생긴다. 독서도 마찬가지다. 책 읽는 것이 싫어도 일단 책을 봐야 한다. 책이 없는 곳에서는 독서할 수 있는 방법조차 찾을 수가 없다.

도서관이나 서점을 방문하자. 특히, 새학기가 시작됐다면 문제집을 사기 위해서라도 서점에 들러 보자. 문제집도 살펴보고 어떤 책이 베스트셀러인지도 뒤적여 보고 이 코너 저 코너 다녀 보자. 접해 봐야 본인이 무엇을 좋아하는지 깨달을 수 있다. 책의 내용이 아닌 디자인이 마음에 들고 표지가 멋있어서 고른 책이라 하더라도 전혀 쓸모 없는 경험이 아니다. 책과 친해질 수 있는 시간이기 때문이다. 책을 직접 선택하는 경험은 결국 모를 일에 자기주도성을 갖는 초석이 된다.

혼자 독서하는 것이 어색하고 힘들다면 '독서 동아리' 가입을 추천한다. 따로 시간 내어 공부하지 않고 이 안에서 책도 읽고 친구들과 토론하는 기회를 자연스럽게 가질 수 있다. 혼자 읽기가 아닌 같이 읽기는 생각을 확장시켜 주는 계기가 된다. 본인의 생각만이 정답이 아니라 다른 사람의 의견이 들어보는 기회가 되며 본인과 책에 대해 다른 소감을 말하는 친구를 보며 다른 사람의 생각을 존중하는 연습도 할 수 있다. 친구 3명과 같은 책을 읽고 토론했다면 3권의 책을 읽은 것과 같은 효과가 있다. 사람의 생각은 모두 다르다. 같은 책을 읽고도 이렇게 다른 생각을 한다는 점에 깜짝 놀라고, 나의 생각과 타인의 생각이 언제나 동일하지 않다는 점을 깨달으며, 나 혼자만 독서를 했다면 깨달을 수 없는 부분을 배울 수 있다.

책과 친해진 후에 책을 읽는 단계에서 끝나지 않고 작문과 토론까지 이어질 수 있다면 금상첨화다. 독서, 논술, 토론은 서로 밀접한 관계를 유지하고 있다. 독서를 하면 논리력과 사고력이 발전하고 이는 글쓰기 능력을 향상시켜 준다. 글을 잘 쓰면 본인의 생각을 정리하는 능력이 향상되고 이는 곧 본인의 생각을 말로 전달하는 실력을 키울 수 있게 해준다. 독서는 말하기, 읽기, 듣기, 쓰기 능력을 골고루 기르는 데 기초적인 역량을 잡아 준다.

하지만 독서 따로 작문 따로 토론 따로 시간을 내어 진행하려면 쉽지 않다. 실생활 속에서 자연스럽게 진행하는 방법이 필요하다. 우선, 무리한 계획을 잡지 말고 책 한 권을 정하자. 그리고 혼자만 읽지 말고 최대한 많은 인원이 참여하여 함께 책을 읽자. 친구여도 좋고 가족이어도 좋다. 책을 다 읽었다면 가장 마음에 드는 한 구절을 찾자. 이 한 문장이 이 책을 읽은 이유가 되고 이 책을 기억하게 만드는 힘이 된다. 이 문장을 휴대전화의 단체 채팅방을 만들어 공유해도 좋고 본인의 SNS에 올려 서로 공유해도 좋다. 이 구절을 선택한 이유와 함께 서로가 고른 구절을 공유해 보자. 그리고 이 과정을 반복하자. 그러면 어느새, 본인의 채팅방 또는 SNS가 하나의 좋은 독서 토론의 장으로 자리잡으며 책과 좀 더 친해지게 될 것이다.

독서 습관 만들기에 도전하자

그렇다면 가장 중요한 독서 습관을 어떻게 만들 수 있을까? 이 세상에는 참 좋은 책들이 많다. 언론 기관이나 명문대는 중학생이 읽어야 하는 필독서를 지정하여 계속 알려 준다. 아무래도 믿을 만한 기관에서 추천한 책이기 때문에 안심은 된다. 하지만 알다시피 자녀가 흥미를 느끼지 못하는 내용의 책이 많다. 이는 그야말로 내용이 좋은 책이 독서 습관을 만드는 데 도움이 되는 책이라 할 수는 없다. 가장 중요한 점은 책 읽기를 통해 무언가를 얻기를 바라는 마음보다 독서에 대한 재미를 느끼는 부분이 더 우선시되어야 한다는 점이다. 독서에 대한 흥미를 만드는 방법을 살펴보자.

첫째, 직접 책을 선택하자. 관심이 있는 분야의 책을 스스로 골라야 한다. 그래야 첫 장을 넘기기 수월하다. 엄마가 강제로 골라 주거나 노벨 문학상을 받은 책이라 할지라도 읽지 않으면 끝이다. 작품성이 높은 책 중에는 중학생이 읽기에 정말 재미가 없는 책들도 있다는 점은 맹점이다. 내가 읽는 책을 부모님과 함께 읽어 보면 책에 대한 이야기도 나눌 수 있고 관련된 정보를 함께 찾으면서 자연스럽게 대화하는 시간도 가질 수 있다. 독서에 흥미가 생긴 후에 중학생 권장 도서를 읽어도 늦지 않다. 내가 직접 읽을 책을 선택하되 읽고 이해할 수 있는 수준의 책을 골라야 한다. 수준에 맞지 않는 책은 오히려 독서에 대한 흥미를 반감시킨다.

둘째, 독서 방법에 얽매이지 말자. 책을 어떻게 읽는가? 카페에서 음악을 독서하는 것을 선호할 수도 있고 아무도 없는 집에서 책을 읽는 것을 즐길 수도 있다. 아예 하루 날을 잡아서 한 번에 끝까지 책을 읽는 방법을 좋아할 수도 있고, 하루에 여러 권의 책을 조금씩 읽는 방법이 본인에게 잘 맞을 수도 있다. 그렇다면 과연 어느 방법이 제대로 된 독서 방법일까? 결론적으로 정답은 없다. 본인에게 가장 잘 맞는 방법으로 책을 읽는 것이 정답이기 때문이다. 독서를 할 때 중요한 것은 방식이 아니다. 독서 방식에 너무 신경 쓰지 말자. 즐기면서 책을 읽을 수 있으면 된다. 책을 읽으면서 도움이 되는 부분이라 생각되면 밑줄도 긋고 메모도 하고 더 알고 싶은 부분은 인터넷을 활용하여 찾아보며 즐거운 마음으로 독서를 하는 것이 중요할 뿐이다. 최고의 독서하는 방법은 내가 읽고 싶은 대로 책을 읽는 것이다.

셋째, 독서 집중력을 높이자. 자신이 책에 집중하지 못해도 스스로 인지하지 못하는 경우가 많다. 독서 방법은 자율적으로 형성해도 집중력을 저하시키는 나쁜 습관은 고치려는 노력이 필요하다. 책상에 앉아 있을 때보다 엎드려 있으면 집중력은 저하된다. 또한, 두 가지 행동을 함께하는 순간보다 하나의 행동을 할 때, 집중력은 높아진다. 휴대전화가 옆에 있을 때보다 눈에 보이지 않을 때, 책을 집중해서 읽을 가능성은 높아진다. 나쁜 습관이 있다면 의식적으로 인지할 수 있도록 부모님에게 알려 달라고 해도 좋다. 독서를 얼마나 오랫동안 하는가보다 얼마나 집중해서 책을 읽었느냐가 중요하다. 오늘 읽을 책의 분량을 미리 지정하고 읽는 것도 집중력을 높이는 하나의 방법이다.

넷째, 독서와 공부를 강제로 연결시키지 말자. 학교 공부에 도움이 되는 독서를 한다면 더 바랄 나위가 없다. 하지만 독서 습관이 형성되기 전부터 교과 관련 도서를 강제로 읽지는 말자. 시작하기도 전에 지칠 수 있으므로 천천히 시도하도록 하자. 교과 연계 도서는 학교 수업 관련 내용을 다른 시각에서 볼 수 있도록 도와주고 수업 시간에 좀 더 집중할 수 있도록 만들어 준다. 수업 시간에 배우는 내용은 한정되어 있다. 이를 확장하고 보충하기 위해 교과 내용과 관련된 책을 찾아서 읽으면 수업 시간의 내용을 좀 더 심층적으로 공부할 수 있는 기회가 된다는 점을 스스로 깨닫는 순간이 온다. 조급해하지 말자. 자유 학기제가 전면 시행되고 있는 시점에서 본인의 롤모델이 쓴 자서전을 읽는 것도 좋은 방법이다. 학과 공부와 관련된 도서에 천천히 도전하자.

다섯째, 독후감을 쓰자. 책을 읽은 후에 간략하게 독후감을 쓰자. 거창할 필요 없이 단 몇 줄이어도 괜찮다. 본인의 생각을 글로 적어 내는 연습은 서술형 평가 능력 향상에도 도움이 된다. 책에 대한 본인의 생각과 책에서 말하고자 하는 바를 요약해 보자. 문학 작품을 읽었다면 주인공이 그러한 행동을 한 이유도 적어 보고 소설의 결론에 대한 본인의 느낌도 작성해 보자. 책을 읽기 전과 읽은 후 느낌의 차이점을 적는 행동은 본인의 생각 변화를 스스로 표현할 수 있는 능력을 기르는 데 아주 좋다. 그리고 내용과 관련해 궁금한 부분을 찾아보고 메모도 해보자. 새로운 시각에서 문제를 바라볼 수도 있고 더 새로운 정보를 찾아내며 흥미를 느낄 수도 있다. 주제, 작가, 읽은 날짜, 출판사 등을 기록해 두면 자연스럽게 학생부 종합 전형을 준비하는 일석이조의 효과를 볼 수 있다.

인강으로 이렇게 공부하자

1. 일일 계획표 작성

학교 시간표처럼 인강을 통해 공부할 계획표를 만든다. 어영부영 공부하다가 수강 만료일이 지나면 공부를 하고 싶어도 못하는 경우가 생기지 않도록 수강 만료일을 기점으로 계획을 세우자. 예를 들어, 100일의 수강 기간 동안 50강의를 들어야 한다면 최소 이틀에 하나의 강좌는 들어야 기간 동안 모든 강좌를 수강할 수 있다는 기본 전제하에 일일 계획표를 작성한다. 계획의 좋은 점은 공부를 하루 못했으면 그 다음 날에 4개의 강의를 들어 최종 목표를 달성할 수 있다는 계산을 빠르게 할 수 있다는 점이다. 계획표를 통해 수강 진도를 효과적으로 조절하도록 하자.

2. 수강보다 복습이 더 중요하다

인강을 처음 접하는 학생들은 오버하는 경향이 있다. 계획표를 너무 빡빡하게 작성해 하루에도 여러 강의를 수강해 보려 하는데 너무 초반에 힘을 빼지 말자. 단순히 강의를 듣는 것보다 듣고 난 후에 복습을 통해 공부한 내용을 내 것으로 만드는 시간이 더 중요하다. 1:1의 비율로는 공부해야 한다. 최소한 1시간 동안 강의를 들었다면 1시간은 복습하는 시간이 필요하다. 강의가 끝난 순간부터가 진짜 공부다. 수업을 들으면 본인의 성적이 올라갈 것이라고 착각하지 말자. 복습 없는 사교육은 진짜 공부가 아니다. 누군가의 이야기를 듣는 단계에서 그치지 말고 내가 직접 머리로 이해하고 손으로 쓰는 것이 공부라는 것을 잊지 말자.

3. 인강은 학교 수업의 보조 수단이다

인강을 듣는 목적은 학교 성적을 잘 받기 위해서다. 인강 따로, 학교 수업 따로는 아무 의미가 없다. 인강은 학교 수업을 보조하는 역할이다. 학교 수업 내용을 바탕으로 인강 공부가 이뤄져야 한다. 학교 선생님과 인강 선생님도 동일하게 강조하는 부분이 있다면 그 부분이 시험에 나오는 내용이다. 사교육을 받다 보면 자칫 학교 수업과 연계되지 않게 공부하는 부분이 있을 수 있다. 잊지 말자. 사교육을 받는 이유를.

4. 직접 문제를 풀자

선생님이 풀어 주는 문제는 내가 다 알고 있는 듯하다. 그래서 만족하여 공부를 끝마친다면 이는 마치 축구에서 드리블과 패스만 연습하고 슛은 할 줄 모르는 스트라이커와 같다. 수업을 들었으면 직접 문제를 풀자. 최종적으로 시험을 잘 보고 좋은 성적을 받는 것이 우리의 목표다. 정확하게 내가 오늘 배운 내용을 이해하고 있는지 알아볼 수 있도록 스스로 문제를 풀고 평가하자.

나는 사교육을 통해 성적을 올릴 수 있을까?

실제로 사교육을 진행하면서 성적을 올리기 위해서는 '혼자 공부할 수 있는 능력'이 필요하다. 스스로 공부 계획을 세운 후 시간 관리를 통해 목표를 달성해 나가는 올바른 공부 습관을 만들 수 있어야 한다. '나는 스스로 사교육을 통해 공부할 수 있는 능력'을 갖췄는지 진단해 보자. 아래 표를 통해서 사교육을 진행할 때, 필요한 전반적인 학습 능력을 살펴보고 진단 결과의 합산 점수를 통해 나의 부족한 부분을 살펴보자. (그렇다: 2점, 보통이다: 1점, 아니다: 0점)

번호	문항	그렇다	보통	아니다
1	나는 나의 환경을 고려하여 공부 계획표를 작성할 수 있다			
2	공부에 방해가 되는 습관은 스스로 차단할 수 있다.			
3	인터넷 서핑이나 게임으로 시간을 허비하지 않는다.			
4	현재 계획을 세워 공부하고 있다.			
5	나의 공부에는 우선순위가 있다.			
6	계획표 대로 공부하기 위해 약속을 변경할 수 있다.			
7	나의 장래 희망은 명확하다.			
8	공부는 책상에 앉아서 한다.			
9	나의 하루 TV 시청 시간은 30분 이하다.			

10	계획을 세워 공부하다 효율적으로 수정하는 방법을 안다.			
11	숙제는 절대 밀리지 않는다.			
12	시간 관리를 스스로 잘하고 있다.			
13	한번 세운 계획은 수정 없이 달성할 수 있다.			
14	나의 부족한 과목을 파악하고 있다.			
15	계획을 세우면 80% 이상은 지킨다.			
16	매 주 나의 계획 완성율을 체크하고 있다.			
17	숙제가 없어도 부족한 부분을 공부한다.			
18	학교는 절대 지각하지 않는다.			
19	계획을 지키지 못하면 다음 날 보완을 한다.			
20	나에게 맞는 공부 방법을 알고 있다.			
21	내가 잘하는 과목의 성적 유지 방법을 알고 있다.			
22	계획을 세우기 전, 나의 현실적인 상황을 직시할 수 있다.			
23	그날 배운 내용은 그날 꼭 복습한다.			
24	게임이나 TV 때문에 공부 계획을 지키지 못한 적이 없다.			
25	계획대로 공부해도 시간이 부족하지 않는다			
26	나는 매일 공부한다.			
27	공부를 매일 같은 시간 같은 장소에서 한다			
	총점			

0~9점 : 사교육을 통해 성적을 올리기 위한 준비 상태가 매우 부족하다. 우선적

으로 '공부를 하는 이유'가 없을 가능성이 크다. 공부에 대한 관심이 없다 보니 공부 계획을 세우거나 공부 습관을 만들지 못하고 있다. 본인이 공부를 해야 하는 이유를 찾는 것이 관건이다.

10~21점 : 현재 상태로는 사교육을 통해 성적을 올리기 힘들다. 학습목표 없이 공부를 하기 때문에 중도에 사교육을 포기하는 상황이 벌어지거나 학원이나 과외를 끝마치고도 본인이 무엇을 공부했는지 스스로 알지 못하는 경우가 종종 있다. 공부 계획표를 만들 수는 있으나 효과적으로 만들지 못해 효율성이 떨어지고 현실성 없는 계획으로 인해 실천하려는 의지 또한 다른 친구들에 비해 뒤처진다. 사교육을 통해 달성할 '목표'를 설정하자.

22~31점 : 사교육을 통해 성적을 올릴 수 있는 가능성은 50%다. 또래 친구들과 비슷하게 공부에 대한 호기심을 갖고 있다. 자신 있는 과목의 학습 목표를 달성할 수는 있으나 본인의 취약한 과목의 경우, 목표를 달성하기 어렵다. 공부 계획표를 수시로 점검하여 사교육의 효율성을 높이자.

32~43점 : 비교적 사교육을 통해 성적을 올릴 수 있는 확률이 높은 편이다. 공부를 열심히 하면서 효율을 높이기 위해 계획을 세울 수 있다. 또래 친구들에 비해 구체적인 학습 목표를 설정할 수 있고 달성하기 위한 실천 방안도 갖고 있다. 이를 지킨다면 사교육을 통한 성적 향상을 맛볼 수 있다.

44~54점 : 사교육을 진행해도 무방하다. 본인에게 알맞은 학습법도 보유하고 있고 전반적인 학습 준비 상태가 뛰어나다. 본인의 목표가 뚜렷하기 때문에 이를 이루기 위한 의지 또한 강하다. 계획을 실천해 내는 능력도 뛰어나서 상대적으로 또래 친구들보다 사교육의 효율성이 높게 나타날 수 있다.

사교육을 받는데도 성적이 오르지 않는다면

3단계_점검

간과하기 쉬운 학습 외적 요소 / 놓치면 안 되는 학습 내적 요소

최소 비용의 사교육을 통해 성적을 올리기 위한 마지막 단계이다. 가전 제품을 구매할 때, 사용하면서 고장날 수도 있고 A/S를 받아야 하는 순간도 온다. 사교육도 마찬가지다. 사교육을 받고 나서 실제로 성적이 오르지 않을 수 있다. 성적을 올릴 수 있도록 공부 채널도 변경하고 부족한 부분이 있다면 보충하는 작업이 필요하다.

사교육을 시작하고 시간이 꽤 흘렀는데도 성적이 오르지 않는다면 무언가 문제점이 있는 것이다. 이 문제점을 찾아서 해결해야 한다. 이 문제는 공부와 관련된 부분일 수도 있고 아닐 수도 있다. 무조건 성적이 공부와 관련되어 있다는 생각도 버리자. 공부 외적인 부분이 문제일 수도 있다. 내적인 부분과 외적인 부분으로 나눠 문제점을 살펴볼 필요가 있다. 우리는 대학수학능력시험을 볼 때까지만 1차적으로 공부를 하려는 의지를 갖고 집중력을 통해 본인의 학습법을 유지하면 되는 것 아닌가? 평생이 아니라 길어야 10년인데 한 번 도전해 보자. 공교육만으로 성적을 올리는 것이 쉽지 않은 현실에서 사교육을 통해 최고의 효율을 내는 마지막 단계까지 실행에 옮겨 보자.

여기까지만 노력해서 따라와 준다면 사교육을 통해 성적을 분명 높일 수 있다. 이 책을 쓴 목적 자체가 금수저가 아닌 일반 학생들이 사교육을 통해 최고치의 성과를 내면서 불필요한 비용 지출을 하지 않기 위함이다. 오프라인에서 이뤄지는 학원 수업이나 과외를 받을 환경이 안 되는 대한민국의 모든 중학생들이 공평하게 공부할 수 있는 기회를 스스로 만들어 보자.

간과하기 쉬운 학습 외적 요소

지금까지 사교육을 받기 전에 필요한 준비 사항과 실제로 사교육을 받으면서 성적을 올릴 수 있는 방법에 대해 살펴보았다. 아직 끝이 아니다. 사교육을 마무리하는 단계가 필요하다. 사교육을 받고 나면 무조건 공부에 대한 의욕도 상승하고 성적도 오를까? 그렇지 않다. 오히려 빡빡한 일상에 지치는 학생들도 있고 본인과 맞지 않는 공부 채널을 선택해 힘들어 하는 학생들도 생긴다. 그 좋다는 사교육을 받았는데도 왜 이런 일이 생긴단 말인가? 혹시, 문제가 되는 부분을 본인이 알아채지 못하고 있는 것은 아닌지 살펴보자.

스트레스 받는 부분은 없나?

난감할 때가 있다. 공부하는 내용이 어렵거나 시험 성적이 좋지 않아 공부 흥미가 떨어지는 것은 노력하면 해결할 수 있는데, 아침에 엄마한테 꾸중을 들었거나 이성 친구와 싸워서 생긴 스트레스로 인해 공부에 집중이 안 되는 부분은 오히려 해결이 더 어렵다. 걱정거리는 생각하지 않으려고 노력하면 더 생각이 난다. 책을 펴도 생각나고 책을 덮으면 더 심란

하다. 사교육이 무슨 소용인가. 마음이 편치 않은 것을.

이럴 때는 본인이 현재 받는 스트레스를 애써서 잊으려고 노력하지 말자. 오히려 적극적으로 그 생각을 하자. '내가 왜 이런 기분을 느끼고 있지? 그래서 이 기분을 풀려면 어떻게 해야 하지?'라고 생각하며 그 문제와 맞서자.

그런데 이런 생각은 참 희한하게 수업 시간에 잘 떠오른다. 그래서 도저히 수업을 듣지 못하겠다면? 머리 아프게 속으로 생각하지 말고 밖으로 꺼내자. 답답한 마음은 풀어야 한다. 종이 한 장에 한 번 속시원하게 적어 보자. 그리고 적은 내용은 갈기갈기 찢어서 버리자. 그때 나의 근심과 걱정도 같이 버리자. 이제 다시 시작하자. 어떠한가? 생각보다 나의 걱정은 벌어지지 않은 일에 대한 걱정, 이미 벌어져서 어쩔 수 없는 일에 대한 걱정인 경우가 많다.

1953년 노벨 문학상을 수상한 영국 총리 윈스턴 처칠은 아래와 같은 말을 했다.

"고민을 깔끔하게 정리하는 방법은 종이에 적어 보는 것이다. 무수한 걱정거리 가운데 반만이라도 써 보면 도움이 된다. 여섯 가지를 적는다면 3분의 1은 사라질 것이다. 나머지 두 가지 정도는 저절로 해결된다. 그리고 나머지는 어떻게 할 수 있는 게 아니다. 그것을 내가 왜 걱정해야 하나?"

너무 조급하지는 않은가?

중2 이민식 학생은 학원을 다니면서 인강까지 추가하여 사교육을 받았는데 오히려 성적은 떨어져 깊은 고민에 빠진 상태였다. 원인을 찾다 보니 인강을 수강한 지 2달 밖에 안 됐고 학원도 불안한 마음에 여기저기 옮기며 지속적으로 다니지 못하는 상황이라는 점을 알게 되었다.

대부분의 학생과 학부모들이 사교육을 시작하자마자 성적이 오를 것이라 기대한다. 하지만 현실은 내가 공부하고 있는 시간에 내 친구들도 공부하고 있다. 성적은 상대평가다. 내 점수가 올라가도 등수는 올라가지 않을 수 있다. 공부를 해서 자신감이 증가했지만 등수는 오르지 않을 수 있다. 조급하게 마음을 먹으면 그 조급함이 공부 효율을 갉아먹는다. 단순히 사교육을 받는 시간을 늘려 가며 열심히 공부하는 방법만이 절대 능사가 아니다. 위의 민식 학생도 우선 성적이 오르지 않는 부분에 대한 걱정은 하지 말고 지금은 오로지 공부에만 집중하는 편을 추천해 줬다. 학습 상태와 관련된 요소보다 공부에 몰입하는 연습을 꾸준히 하라는 조언을 통해 3달 뒤부터 성적이 상승 곡선을 보이기 시작했다.

영국의 물리학자 뉴턴은 1687년에 발표한 '자연철학의 수학적 원리'에서 자신의 두 번째 운동 법칙을 다음과 같이 기술하였다. '법칙2. 운동의 변화는 가해진 힘에 비례하며 힘이 가해진 직선 방향으로 일어난다.' 우리는 이 것을 '가속도의 법칙'이라 부른다. 가속도는 말 그대로 속도가 더해지는 정도를 나타내는 물리량이다.

가속도 법칙은 공부에도 적용된다. 의지와 집중력, 본인에게 맞는 학습법만 유지된다면 가속도가 붙는 구간이 나타난다. 단, 단순히 가속도가 붙는 구간이 나에게 찾아오기를 기다려서는 안 된다. 멀리뛰기를 할 때도 도움닫기를 하듯 일정 기간은 공부를 하기 위한 의지를 갖고 집중하기 위한 노력을 하며 본인만의 학습법을 만들기 위해 몰입해야 한다. 가속도의 법칙은 단기간에 나타나지 않는다. 멀리뛰기 위해서 우선은 최선을 다해 달리자. 그 후에 도움닫기를 하고 하늘 위를 나는 자신을 발견할 수 있을 것이다. 너무 조급하게 생각하지 말자.

꿈이 바뀌어서 흔들리지 않나?

필자의 청소년기를 돌아보면 꿈이 자주 바뀌었다. 어제는 영화배우가 되고 싶었다가 오늘은 대통령이, 내일은 여행 작가가 되고 싶었다. 꿈은 수시로 바뀌어도 된다. 없는 것보다 훨씬 낫다. 자신이 미래에 어떤 직업을 선택할지 알 수가 없다. 그렇기 때문에 내 머릿속에서 혼자 이 직업 저 직업을 상상해 보는 과정도 충분히 의미 있는 시간이다. 이 과정에서 꿈을 이루기 위해 무엇을 해야 할지도 생각해 볼 수 있게 된다.

육군사관학교에 수석 합격하고 서울대를 졸업한 개그맨 서경석이 이런 말을 했다.

"저는 공부를 잘해야 한다는 주의는 아니지만 해보긴 해봐야 한다는 주의입니다. 피타고라스 공식에 맞춰 문제를 풀려고 이런 고민 저런 고민 했던 사람이 만화가가 되었을 때, 이 그림을 다른 방식으로 바꿔 볼까, 생각할 수 있는 겁니다. 이미 어렸을 때, 공부를 통해 그런 훈련을 했기 때문이죠."

공부는 도움이 된다. 꿈이 바뀐다고 해서 지금하고 있는 학습법이 변경될 이유는 없다. 나의 꿈이 무엇으로 변하든 지금하고 있는 공부는 도움을 줄 것이기 때문이다.

사람은 누구나 굉장히 많은 가능성을 갖고 있다. 걸어 다니면서 전화 통화 하는 것을 불가능하다고 생각했을 때도 있고, 전기로 자동차가 갈 수 있다는 것은 꿈에서나 가능하다고 말하던 시절도 있었다. 하지만 이 모든 것을 인간이 해냈다. 지금 이 책을 읽고 있는 나도 나중에 어떤 일을 해낼 지 모른다. 이 모든 가능성을 우리는 지니고 있는 것이다. 그렇기 때문에 꿈도 변하고 있는 것이다.

공부는 본인이 상상하는 꿈을 현실화시켜 준다. 공부를 통해 다양한 꿈들을 펼쳐 보일 수가 있다. 아무리 꿈이 변한다고 해서 지금 하고 있는 공부가 쓸모 없어지지 않는다.

너무 공부만 하고 있지 않나?

중학생은 24시간, 365일 공부만 해야 할까? 스스로 이런 생각에 지치는 학생들도 있다. 공부 잘하는 학생이 잘 논다는 말이 있지 않나? 노는 시간을 두려워하지 말자. 주중에 본인이 계획했던 공부 스케줄을 완벽하게 소화했다면 주말의 일부를 자유 시간으로 보내자. 지금 열심히 하면 일요일에 놀 수 있다는 생각은 동기부여 향상에도 도움이 된다. 왜? 목표가 있기 때문이다. 학교가 끝나면 학원을 갔다가 집에서 인강을 들어야 한다는 생각에 먼저 지치지 말자.

이 세상에 있는 천재들도 어찌할 수 없는 부분이 있다. 바로 '집중력에는 한계가 있다'는 점이다. 잠을 자지 않고 24시간 집중할 수 있는 사람은 없으며 밥을 먹지 않고 집중해서 공부할 수 있는 사람은 단언컨대 없다. 본인이 머리를 식히기 위해 휴식을 취한다고 해서 공부를 쉰다고 생각하지 말자. 학교 수업이 왜 40~50분이겠는가? 바로 사람이 지속적으로 집중력을 유지할 수 있는 시간이기 때문이다. 이 시간이 지나면 집중력이 떨어진다. 본인이 몇 시간 동안 집중력을 유지하겠다는 욕심을 내지 말고 효율적으로 공부하자. 시간표에 쉬는 시간 없이 공부한다고 열심히 하는 것이 아니다. 학교 시간표처럼 중간에 쉬는 시간을 10분씩 넣어 보자. 본인이 엄격하게 10분간 휴식 후에 다시 책상 앞에 앉기만 한다면 집중력을 유지하는 데 도움이 된다.

채찍 대신에 본인에게 당근을 주는 부분을 두려워하지 말자. 지금 보고 있는 드라마가 끝나고 다시 공부하는 계획을 지킬 수 있다면 머리를 식히는 시간은 본인에게도 도움이 된다. 잊지 말자. 나는 오늘도 충분히 열심히 하고 있다.

실패를 미리 두려워하지는 않나?

대부분의 학습법에서는 학생 스스로 문제를 발견하고, 해결 방법을 찾고, 적용하여 발전할 수 있는 능력을 기르라고 말한다. 그런데 때로는 이러한 학습법이 학생 스스로 모든 것을 계획하고 처리하는 법을 알려 주다 보니 부담감을 느끼고 지레 겁을 먹게 만드는 경우도 생기는 것 같다. 사람은 누구나 실수를 한다. 잘못된 공부 채널을 선택할 수도 있고, 완벽하게 보였던 계획을 지켜도 성적이 오르지 않을 수도 있다. 누구나 한 번 정도는 이런 과정을 겪는다. 한 번에 모든 것을 완벽하게 처리하고 뛰어난 결과물을 얻는 사람이 얼마나 있겠는가? 이런 과정을 거치면서 스스로에게 알맞은 학습법도 찾을 수 있다.

사교육을 받으면서 본인이 원하는 성적이 나오지 않는다고, 학원을 다닌 후로 오히려 성적이 더 떨어졌다고 낙담하지 말자. 다시 하면 된다. 스스로 공부 의욕이 생길 수 있도록 휴식 시간도 갖고 자신의 행동을 조절하는 연습도 해보자. 처음 세운 학습법이 비효율적일 수 있다. 그럼 다시 세우면 된다. 너무 실패를 두려워하지 말자. 가장 바보 같은 행동이 실패가 두려워 시도조차 하지 않는 것이다.

실패의 경험은 매우 소중한 자산이다. 낙담을 할 수는 있지만 포기를 하지는 말자. 분명 실패에는 원인이 있다. 그 원인을 찾고 분석해 보는 과정 속에서 본인은 성숙해진다. 박지성 선수도 한때는 일본 J리그 2부 팀 소속이었다. 거기서 좌절하고 포기했다면 맨체스터 유나이티드에 입단할 수 있었을까? 실패가 오히려 기회가 될 수 있으며 다시 반복하지 않으면 된다. 실패하지 않으면 지금 잘못된 점을 무슨 방법으로 찾을 수 있을까? 실패 때문에 시간을 더 소비할 수는 있지만 대신에 더 효율적인 공부 방법을 찾아낼 수 있을 것이다.

주변 분위기에 휩쓸린 사교육을 하고 있지 않나?

방학이 되면 벌어지는 전형적인 현상이 있다. '선행 학습'에 대한 부모와 자녀의 고민이다. 패턴도 대부분 비슷하다. 먼저, 자녀가 주변에 선행 학습을 진행하는 친구들을 보며 불안해하기 시작해도, 부모는 현재 상위권이 아닌 자녀가 선행 학습을 하는 것이 맞는지 고민하다 결국 학원을 찾는다. 학원은 어떠한가? 당연히 지금도 이미 늦었다며 즉시, 선행 학습을 시작해야 한다고 부모를 부추긴다. 하지만, 부모의 입장에서는 학원의 말을 일부는 동감하지만 100% 이해하진 못한다. 학원에서는 대부분의 고등학생은 이미 선행 학습을 마치고 학교에서는 복습을 한다며 학부모를 압박하고, 불안한 마음에 어쩔 수 없이 학원을 등록한다.

사교육을 시작하게 만드는 대표적인 원인, '선행 학습'. 남들이 하면 나도 해야 할까? 결론적으로 사교육을 통한 선행 학습을 하지 말아야 할 이유는 없다고 본다. 단, 학생 본인의 능력에 따라 선택은 달라져야 한다.

현재 본인이 학교 진도를 일정 수준 이상으로 따라가고 있는 상황이라면 분명 선행 학습은 시너지 효과를 가져온다. 하지만 지금 학교 진도도 따라가기 버거운 상황에서 선행 학습을 무턱대고 시작하는 것은 위험하다.

마음 같아서는 사교육 회사를 다니고 있는 마케터로서 무조건 선행 학습을 하라고 말하고 싶지만, 선행 학습은 미래의 성적을 무조건 올려주는 마법이 아니다. 자신의 상태를 냉정히 평가했을 때, 지금 학교 수업 내용을 복습하기에도 빠듯하다면 선행 학습에 대한 욕심은 우선 접어 두자.

초등학생들은 중학교 공부를, 중학생들은 고등학교 공부를 미리 하는 것을 당연하게 여기는 이상한 현상이 벌어지고 있다. 복습 학원은 없고 선행 학습을 진행하는 학원만 있다. 대개 공부를 어느 정도 한다 싶으면 모두 선행 학습을 시작한다. 심지어 학교 진도에 맞춰 공부를 하는 학생들은 공부를 효율적으로 하지 못하는 학생들로 보는 경향까지 있다.

분위기가 이러하니 자연스럽게 학생들과 학부모들이 선행 학습에 더 목을 매게 된다.

'미리 예습을 한다는데 나쁠 이유가 있어?'

언뜻 들으면 그럴싸하다. 하지만 선행 학습을 했다는 사실 때문에 학교 수업에서 집중해서 듣지 않을 가능성이 높다. 심지어 학교 선생님보다 미리 알려 주는 학원 선생님의 실력이 더 뛰어나다고 믿는 학생들까지 생겨나 선행 학습은 학생들과 학부모의 공교육에 대한 불신이 커지게 만드는 부작용까지 낳고 있다.

하지만 절대 잊어서는 안 된다. 학생부 종합 전형의 내신 성적은 선행 학습으로 이뤄지지 않는다. 학교 선생님들이 내는 시험 문제의 결과로 매겨진다. 선행 학습은 학교 성적을 잘 받기 위해서 진행하는 것이다. 선행 학습이 학교 수업을 앞설 수 없다. 지금 하고 있는 선행 학습이 오히려 나의 성적을 떨어뜨리는 요인이 되진 않는지 점검해 볼 필요가 있다.

사교육에 끌려 가고 있지는 않나?

정부에서 사교육 없는 세상을 만들기 위해 공교육을 강화하는 노력을 하고 있지만 사교육을 받지 않은 학생들 중 '역시 난 안 돼'라며 스스로 공부를 중도 포기 하는 경우도 많다는 것을 정부는 알고 있는지 모르겠다. 단지 사교육을 하지 말라고 하는 것이 아닌, 하지 않아도 되는 환경을 충분히 조성해 주어야 하는데 탁상 행정으로 풀려고 하니 학생들이 피해를 보고 있다. 그래서 현 시점에서 가장 효율적으로 공부를 하기 위해서는 사교육에 끌려 가지 말고 본인 스스로 사교육을 활용하는 방안을 찾는 데 초점을 맞춰야 한다.

나에게 선택권이 있다. 내가 갑이다. 사교육에 이끌리지 말고 리드해야 한다. 남들이 다 수학 학원을 다닌다고 해서 다닐 필요가 없다. 나와 공부 잘하는 친구의 선택이 똑같을 필요가 없다. 내가 갑의 위치에서 사교육을 선택해야 성적은 상승한다.

놓치면 안 되는 학습 내적 요소

정말 공부를 했는가?

사교육을 받는데 성적이 오르지 않는다면 성적을 올릴 수 없는 학습법으로 공부하고 있을 가능성이 크다. 본인이 학습한 내용에 대해 '왜, 무엇을, 어떻게'를 적용하여 아래와 같이 질문해 보자.

<u>왜 공부했는가?</u>

오늘 공부가 끝났다. 오늘 공부를 한 목적을 말할 수 있나? 의외로 오늘 본인이 '왜' 공부를 했는지 모르는 학생들이 있다. 그냥 선생님이 알려 주는 수업 내용을 필기하기 바쁘거나 단순 암기를 통해 문제를 풀기 때문에 나타나는 현상이다. 지금 이 공부를 '왜' 하는지 파악하자.

예를 들어, 오늘 지권의 구조 중 '지진과 지진파'에 대해서 공부했다면 내가 '지진파의 속도 변화'를 이해하기 위해 공부를 했는지, 지구 내부 층상 구조의 특징을 암기하기 위해 공부를 하는 것인지, 본인에게 스스로 '왜' 공부하는지 물어보자. 본인이 공부하는 목적을 스스로 알아야 현재 풀리지 않는 문제에 대한 답을 찾을 수 있다.

무엇을 공부했는가?

학교 수업도 열심히 듣고 사교육도 성실히 진행 중이다. 그런데 희한하다. 학원이 끝나고 집에 갔을 때, 엄마가 '오늘은 무슨 공부했어?'라고 질문을 해보면 답을 하지 못한다. 실제로 시간을 투자해서 집중했는데도 본인이 공부한 내용이 정리가 안 된다.

우리의 암기력에는 한계가 있다. 그리고 배운 내용이 전부 시험에 나오지도 않는다. 그래서 스스로 무엇을 공부했는지 파악하고 이 중에서 핵심 내용을 암기하는 능력이 필요하다. 수업 내용을 토씨 하나 틀리지 않고 암기할 수 있는 사람은 없다. 오늘 수업에서 선생님이 강조한 부분은 무엇인가? 혹시 주변 내용을 오늘의 주요 내용이라 착각하고 있지는 않나? 오늘 배운 내용 중에 '무엇을' 내가 이해하고 암기해야 할지 살펴보자.

어떻게 공부했는가?

학교 시험 시간이다. 어렴풋이 기억이 나는 문제를 만난다. 속으로 생각한다. '나 이거 학원에서 공부했는데', '나 이거 인강 선생님이 분명히 강조했는데.' 문제는 기억이 나는데 답은 기억이 나지 않는다.

분명히 공부한 내용인데 왜 막상 학교 지필고사에서는 틀리는 현상이 발생할까? 복습보다 배우는 과정에만 치중해서 공부를 하기 때문에 나타나는 현상이다. 학원에서 모르는 부분을 배우고 이해는 했으나 스스로 복습하지 않고 다음 날, 학원에 가서 새로운 내용을 배우면 어제 배운 내용은 잊는다.

최종적인 복습은 내가 직접 다시 해야 한다. 틀린 문제는 왜 틀렸는지 스스로 파악하고 모르는 개념 부분은 반드시 내가 스스로 확인하자.

지킬 수 있는 계획을 세웠나?

정해진 계획표대로 실제로 공부하고 있는지 점검해 보자. 계획은 지켜지지 않으면 의미가 없다. 혹시 본인이 도저히 소화할 수 없는 계획을 세우지는 않았나?

계획을 계속 지키지 못하는 현상이 지속된다면 오늘 나의 하루 일과를 노트에 한번 써내려 가며 '지키지 못한 이유와 개선 방안'을 생각하는 시간을 갖자. 쉬는 시간이 길지는 않았는지, 친구들의 SNS를 보는데 시간을 많이 소비하진 않았는지 체크해 보자. 계획은 누구에게 보여 주기 위해 세우는 것이 아니다. 거창할 필요 없이 현실적인 부분을 고려하여 세워야 지킬 수 있다.

공부를 열심히 하겠다는 마음을 먹고 계획을 세웠지만 책상에 앉아 있는 것조차도 힘들어하는 자신을 발견한다. 계획은 3시간 연속 공부하겠다고 세워 놓고 막상 책상 앞에는 30분도 앉아 있지 못하는 것이다. 그렇다면 우선 공부를 하지 않더라도 '책상 앞에 30분 앉아 있기'로 목표가 변해야 한다. 이처럼 계획은 본인에 대해 객관적으로 파악한 후에 작성이 되어야 한다. 목표가 변했다면 계획표도 변해야 한다. 목표와 계획이 동일하지 않다면 본인 스스로 계획을 지키지 않아도 된다는 마음이 생길 수 있다. '목표 따로, 계획 따로'가 되지 않도록 주기적으로 목표를 점검할 필요가 있다.

본인이 계획을 지키지 못하는 이유를 파악하지 못할 수도 있다. 예를 들어, 지난 주에 '통계와 확률을 5시간 공부한 후에 마지막 평가에서 90점을 넘긴다'라는 목표를 세웠지만 달성하지 못했다면 그 이유가 무엇인지 원인을 찾는 연습을 해야 한다. 친구와의 갑작스러운 약속 때문에 시간이 모자랐을 수도 있고, 90점이란 목표 자체가 본인에게 불가능한 점수라는 생각 때문에 스스로 계획을 지키지 않았을 수도 있다. 계획을 지키지 못하는 원인을 찾아내야 한다. 그래야만 앞으로 계획에 없는 약속을 하지 않을 것인지, 목표를 수정할 것인지, 결정할 수 있는 근거가 생긴다.

계획은 목표를 달성할 확률을 높여 주고 사교육을 통해 체계적인 공부를 가능케 해준다. 계획 없이 갑자기 공부하고 싶은 과목을 공부한다거나 수업을 들으면서 궁금한 부분이 생겨 그 부분만 하루 종일 파고드는 식의 공부는 밸런스를 깨뜨린다. 지속적으로 하나의 목표를 향해 계속 나아갈 수 있는 계획인지 점검하는 시간을 갖자.

약점을 보완하느라 강점이 약해지고 있지는 않나?

혹시 사교육을 통해 본인의 취약점 보완에 신경 쓰느라 기존에 갖고 있는 강점을 강화하는 부분에 소홀하지는 않았나? 사람은 누구나 본인의 약점을 보완하기 위해 노력한다. 당연히 필요한 일이다. 하지만 어느 정도의 시간과 에너지를 투자했는데도 약점이 강점으로 바뀌지 못한다면 이제부터는 본인의 강점을 최대화하는 편이 낫다. 학교 시험에서 40점 받던 과목을 60점으로 20점을 올릴지, 80점 받던 과목을 90점으로 10점을 올릴지는 한번 생각해 볼 문제다.

하지만 확실한 점은 평범하게 여러 과목에 준수한 성적을 보이는 것보다 특출나게 한 과목만 잘하는 편이 요즘 교육 흐름에서는 더 유리하다. 성적이 좋지 않은 과목을 사교육을 통해 보완하면서 빠른 성적 향상을 보이면 좋지만 더디게 진행될 경우 기존에 잘하던 과목까지 성적이 떨어지는 현상이 발생할 수 있다. 그런 경우에는 본인의 약점 보완과 강점 강화

중에 무엇에 집중할지, 결정해야 한다.

요즘 대입뿐 아니라 대학교 졸업 후, 취업을 할 때도 다양한 부분에 대한 지식이 있는 제너럴리스트보다 한 분야에 뛰어난 역량을 갖춘 스페셜리스트를 선호하는 추세이다. '난 수학은 지속적으로 90점이 넘으니까 걱정 없어'라는 생각을 갖지 말자. 대부분의 친구들이 중학교 때 수학을 90점을 넘겼기 때문이다. 이는 상위 학교로 갈수록 더함은 말할 필요도 없다. 지금의 강점을 지속적으로 강화시켜야 한다.

지금 공부하는 이유는 중학교 때 좋은 점수를 받기 위해서가 아니라 좋은 고등학교에 가고 수능에서 좋은 점수를 받기 위한 준비 작업을 하는 것임을 잊지 말자. 사교육을 통해 약점을 보완하는 데 어려움을 겪고 있다면 지금 잘하는 과목에 집중하는 것도 하나의 방안이 될 수 있다.

수준에 맞는 사교육을 받고 있나?

기초 체력 없이 고중량의 덤벨을 들면 다칠 위험이 있듯이 본인의 수준과 맞지 않는 사교육에 시간을 투자하면 돈만 낭비하게 된다. 지금 받고 있는 사교육이 자신의 수준에 맞는지 객관적으로 생각해 보자. 혹시 무작정 상위권 학생들을 따라하고 있지는 않은가? 아니면 매일 너무 높은 수준의 문제를 풀기 위해 시간을 소비하고 있진 않나?

사교육을 통해 무리한 심화 학습을 진행하면 공부 의욕은 오히려 저하되며 성적의 정체기를 가져온다. 이런 상태에서 학원이나 과외를 하면서 선행 학습까지 진행하면 기초 개념까지 흔들릴 수 있다. 선생님 없이도 복습할 수 있는 수준이 적절하다.

집중력을 유지할 수 있나?

'공부하는 순간의 처음부터 끝까지 집중력을 유지하자.' 솔직히 말은 쉬우나 그렇게 만만한 일이 아니다. 공부를 하면서 오늘 집에 가서 볼 드라마 생각도 나고, 쉬는 시간에 짝꿍이랑 말다툼 했던 내용도 생각난다. 우리가 생각할 부분이 얼마나 많은가? 다들 마찬가지다.

그렇다면 집중력이 높은 사람과 낮은 사람은 어떤 차이점이 있을까? 집중력이 높은 학생은 본인이 집중력이 떨어졌다는 사실을 인지하고 다시 집중력을 높이기 위한 노력을 한다. 반면, 집중력이 낮은 학생은 본인이 딴생각을 하고 있다는 것을 자각하지 못하고 수업 시간에 선생님한테 혼나고 나서야 알아차린다.

집중력이 저하됐을 때, 집중력을 상승시킬 수 있는 간단한 실천 방법을 살펴보자. 본인이 평소에 항상 갖고 다니는 물품을 하나 지정하자. 그리고 딴생각이 나면 이 물품에 변화를 주자. 예를 들어, 물품이 반지라면 뺐다가 다시 끼거나 여러 색이 있는 볼펜이라면 색을 바꿔 보자. 이와 같은 행동을 통해 '집중력의 터닝 포인트' 시간을 갖는 것이다. 간단해 보이지만 본인이 집중력이 떨어졌다는 사실을 인지하고 강제로 다시 집중하기 위한 특정 행위를 함으로써 자기 통제력을 키울 수 있다. 본인이 마음먹었다고 즉시 집중력을 높이기는 매우 어렵다. 평소 생활에서 집중력을 기를 수 있는 의식적인 행동을 꾸준히 반복하자.

학교 공부보다 사교육을 우선하지는 않나?

사교육을 받는 많은 학생들의 목표는 본인이 이용하는 공부 채널을 통해 학교에서 배울 내용을 미리 배워 다른 친구들보다 앞서 나가는 것이다. 학원이나 과외를 통해서 미리 예습을 하기 때문에 학교에서 처음 배우는 것보다 공부를 하기에 훨씬 수월할 거라 생각한다.

하지만 사교육을 통해 학교 수업을 미리 배우는 것은 내용을 충분히 이해하는 데 한계가 있다. 학원에서 여러 차례 반복해서 배우기 때문에 학생들은 이해했다고 착각한다. 그러나 막상 지금 배우고 있는 학교 수업에 대한 복습이 충실하지 못해서 시험 점수는 원하는 대로 나오지 않는다. 선행 학습은 열심히 하고 있는데 막상 시험 성적은 좋지 않은 현상이 나타나며 뒤죽박죽이 된다.

학교 수업에 충실하지 않고 무리하게 사교육을 통해 문제 풀이를 반복하면 문제 푸는 요령만 늘어난다. 현재 배우는 내용을 이해하지 못한 상태에서 지속적으로 앞서 배울 내용의 문제만 반복해서 푼다고 해서 시험 성적이 잘 나올 수가 없다. 학습법의 제1의 원칙은 '지금 학교에서 배우고 있는 내용의 복습'이다. 현재 학교 수업 진도를 따라가지 못하는 상태에서 미래를 위한 사교육은 아무런 의미가 없다.

자녀를 학원에 보내 놓고 성적이 오를 것이라고 확신하는 엄마들이 많다. 더하기를 할 줄 모르는데 곱셈을 계속 배우는 우를 범하지 말자. 그래야 사교육에 돈을 갖다 바치는 현상이 벌어지지 않는다.

사교육 최소 비용으로 성적 올리는 법

1. 공부 계획을 세우자

초행길이라면 무작정 집 밖으로 나가는 것보다 길 찾기 기능을 통해 한 번 알아보고 가는 게 효율적이다. 사교육도 마찬가지다. 무작정하지 말고 공부 계획을 통해 미리 준비하자. 사교육을 하는 목적에 따른 목표를 세우고 이를 실천할 수 있는 계획을 세우자. 그리고 계획을 주기적으로 체크해 수정할 부분은 없는지 살펴보자.

한주가 끝나는 일요일 저녁에는 이번 주 계획을 얼마나 지켰는지 살펴보자. 목표를 달성한 부분이 있다면 스스로에게 상도 주고 모자란 부분은 다음 주에 보충할 수 있도록 하자. 복습 또는 예습이 부족하다면 보충할 수 있는 시간도 새로 마련하자.

인강을 통해 성적을 올린 학생들의 수기에서 가장 많이 등장하는 단어가 '공부 계획'이다. 공부 계획이 목표를 달성하는 데 도움을 주고 집중력을 향상시키는 기초가 된다고 말한다. 계획은 눈앞에 있는 과제를 쳐 내는데 급급한 학생들에게 나무보다는 숲을 보며 목표를 향해 나아갈 수 있도록 도와준다. 처음 세우기 어렵지 일단 세우고 나면 수정 과정이므로 너무 부담을 갖지 말자. 계획이 있어야 사교육을 주도적으로 이용할 수 있다.

2. 사교육을 자유자재로 이용하자

사교육을 왜 하는가? 모르는 부분을 배우기 위해서다. 모르는 문제를 이해하기 위해서는 시간과 노력이 소요된다. 이를 감소시키기 위해 사교육을 이용하자. 우선, 학교 수업에서 모르는 부분이 생겼다면 본인 스스로 해결하기 위해 노력하자. 그래도 해결되지 않는다면 단순히 모르는 문제를 시간만 소비하며 계속 붙잡고 있지 말고 사교육을 이용하여 필요한 부분만 효율적으로 습득하는 것도 하나의 방법이다. 단, 본인이 먼저 해결하려고 노력하는 시간은 꼭 필요하다.

평범한 학생이 모르는 문제를 만났을 경우, 끝까지 답을 찾아내지 않고 중간에 포기하면 시험에서 틀릴 수밖에 없다. 답을 맞히는 단계를 넘어 고민하는 과정에서 실제 시험 문제를 풀 수 있는 문제 해결력이 길러진다. 이 시간을 줄이기 위해 사교육의 도움을 받아야 한다.

시간이 많아서 모르는 문제를 파고드는 것이 아니다. 단순히 내신 성적을 잘 받고 싶다면 남들보다 많이 문제를 푸는 것도 중요하지만 진짜 상위권으로 도약하기 위해서는 한 문제를 여러 가지 방법으로 생각하고 연구하는 과정이 필요하다. 혼자서는 하기 힘든 과정이다. 모르는 문제는 학원 및 인강 선생님을 이용하여 파고들자. 이를 위해 돈 내고 사교육을 하는 것이다.

3. 스트레스 해소를 통해 집중력을 높이자

심리학자 여키스Yerkes와 도슨Dodson에 따르면, 스트레스에 따른 성취도는 역 U자 모양을 띤다고 한다. 어느 정도까지는 스트레스가 증가함에 따라 성취도도 증가한다. 이때 스트레스가 긍정적으로 작용하여 집중력과 암기력 등이 향상됨으로써 단기간에 많은 내용을 습득하는 것도 가능하다. 하지만 스트레스가 일정 수준을 넘어가면, 성취도가 낮아지는 현상이 나타난다. 즉, 스트레스가 집중력에 악영향을 끼치며 일정 수준을 넘어가면 스트레스 해소를 통해 집중력을 높이는 노력이 필요해진다. 아래의 방법을 통해 스트레스 관리를 하자.

 - 1시간 공부했으면 10분 쉬는 시간을 갖자
 - 목표와 계획을 명확히 세워 본인이 가고 있는 길을 잃지 말자
 - 혼자 모든 것을 감당하려 하지 말고 힘들 때는 주변의 도움을 받자

4. 자신을 점검하는 시간을 갖자

빌 게이츠는 1년에 두 차례 짐을 꾸려 인적 없는 호숫가 통나무 집이나 호텔에 들어가 2주를 '생각 주간'으로 지낸다고 한다. 생각 주간에는 휴대전화를 끄고 외부 접촉을 일체 금하고 그동안 임직원들이 제출한 프로젝트와 보고서 검토에 열중하고 치열하게 미래를 준비한다. 철저하게 지키는 스케줄이며 2주 동안 마이크로소프트 전체에 대한 점검을 한다.

공부에도 '생각 주간'이 필요하다. 이를 통해 더 나은 방향으로 나아갈 수 있게 잘못된 부분이 있다면 원인을 찾고 개선책을 찾아야 한다. 달리기만 하는 경주마는 본인이 레인을 이탈해도 눈치채지 못한다. 앞만 보고 달리기 때문이다. 하지만 중간중간 레인을 유지하고 있는지 확인하며 달리는 경주마는 최소한 실격 처리되지는 않는다.

본인이 현재 열심히 하고 있다고 자신을 너무 믿지 말자. 하물며 빌 게이츠도 2주간의 시간을 갖고 자기 점검을 한다. 지금까지 내가 계획대로

공부를 하고 있는지 살펴보는 시간이 성적을 효율적으로 높일 수 있는 방향을 알려 줄 수 있다. 잘못된 방향으로 너무 많이 가면 돌아오는데 시간이 더 걸린다. 중간중간 맞는 방향으로 가고 있는지 체크하자.

5. 공부 채널은 내가 스스로 선택하자

사교육을 통해 성적을 올리는 학생들은 대부분 자신을 객관적으로 파악하는 힘이 있어 본인에게 알맞은 공부 채널을 선택할 수 있다. 공부 채널을 선택한 이유와 목적이 분명하기 때문에 앞으로 어떻게 이용할지 구체적인 그림을 그릴 수 있다. 사교육은 성적을 올리는 수단일 뿐, 그 이상의 역할을 하지 않는다는 점을 알고 있기 때문에 고액의 공부 채널에 집착하지도 않는다. 공부 채널 자체가 본인의 성적을 좌지우지하지 못한다는 것을 알기 때문이다.

반면 공부 채널을 스스로 선택하지 않은 학생들은 오히려 공부 채널에 집착하는 모습을 보인다. 왜 사교육을 받는지 모르는 상태에서 사교육을 받게 되어 어떻게든 성적을 올려야 한다는 압박감이 작용하기 때문이다. 공부 채널을 스스로 선택할 수 있는 능력이 없으면 사교육의 굴레에서 벗어날 수 없다. 공부 채널에 대한 확신이 없기 때문에 자신이 없는 상태에서 공부를 하고 이로 인한 스트레스가 학습 효율을 저하시킨다. 사교육은 '내가 성적을 올리기 위해 사용하는 도구'일 뿐이라는 당당한 생각을 가져야 한다. 스스로에게 맞는 공부 채널을 직접 선택하고 활용할 수 있는 능력이 있다면 분명 성적은 상승한다.

나에게 알맞은 학습법으로 공부하고 있을까?

효과적으로 사교육을 통해 성적을 높이기 위해서는 나에게 가장 잘 맞는 학습법을 스스로 찾아야 한다. 사교육을 진행하면서 나의 학습법을 얼마나 활용할 수 있느냐가 결국 성적을 좌우하게 된다. 나의 학습법이 얼마나 나와 궁합이 잘 맞는지 아래 사항을 통해 진단해 보자.

학습법을 구성하는 주요 요소들을 얼마나 본인이 전략적으로 운영하고 있는지 살펴보자. 아래 진단 결과의 총합을 토대로 나의 객관적인 상태를 평가해 보도록 하자. (그렇다: 2점, 보통이다: 1점, 아니다: 0점)

번호	문항	그렇다	보통	아니다
1	나는 한 자리에서 1시간 이상 집중해서 공부할 수 있다.			
2	오늘 수업 내용은 오늘 복습한다.			
3	내가 공부한 내용을 말로 설명할 수 있다.			
4	오답 노트를 만들어 틀린 문제의 원인을 파악한다.			
5	수학이나 과학은 공부한 내용을 생활에서 연계해 본 적 있다.			
6	공부할 때 집중을 해서 시간이 가는 줄 모른다.			
7	친구들과 다른 나만의 공부법이 있다.			
8	공부를 시작한 후에는 공부 외에 다른 일을 하지 않는다.			
9	목차대로가 아닌 연계 있는 단원끼리 묶어서 공부할 수 있다.			

10	암기력을 높이기 위한 나만의 방법이 있다.			
11	수업 내용은 반드시 내가 공부하기 쉽게 정리한다.			
12	어려운 내용을 이해하면서 암기한다.			
13	개념 공부가 끝나면 꼭 문제풀이로 확인한다.			
14	평소에 암기력을 높이려는 노력을 한다.			
15	싫어하는 과목도 시간을 배분해 공부한다.			
16	내가 공부를 잘할 수 있는 환경을 파악하고 있다.			
17	모르는 문제는 반드시 알기 위해 노력한다			
18	노트 필기할 때 노트 공간을 활용하는 나만의 방법이 있다.			
19	수업 전, 예습을 한다.			
20	모르는 내용은 3번 이상 복습한다.			
21	취약 과목을 보충하기 위해 시간을 투자한다.			
22	내일 주요 과목에 대한 예습을 한다.			
23	복습을 하면 오늘 배운 내용을 90% 이상 기억하고 있다.			
24	수업 시간에 선생님이 강조하는 게 무엇인지 잘 알고 있다.			
25	집중력을 향상 시키는 나의 방법이 있다.			
26	수업 시간에 졸지 않는다.			
27	쉬는 시간에 다음 시간을 준비한다.			
28	책상 위가 깔끔하다.			
29	오늘 배운 단원의 목표를 알고 있다.			
30	오늘 수업 내용의 복습을 내일로 미루지 않는다.			

31	시험 전에 시험 환경과 똑같은 상황에서 문제 풀이를 한다.			
32	오늘 무엇을 예습해야 하는지 알고 있다.			
33	무작정 암기가 아닌 이해하면서 암기하고 있다.			
34	집중력 향상을 위해 공부할 때, 휴대전화를 끈다			
35	학교 수업 시간에 모르는 내용은 사교육으로 보충한다.			
총점				

0~15점 : 본인에게 효율적인 학습법을 모르고 있거나 학습법 자체에 관심이 없다. 본인의 공부하는 방법이 비효율적이기 때문에 수업 시간에 전혀 참여도가 없으며 공부를 해도 성적이 오르지 않는다. 공부에 흥미를 갖는 것이 우선이며 흥미는 수업을 집중해서 들어야 생긴다. 당장 내일부터 아무리 하기 싫어도 수업 시간에 필기하는 습관부터 기르자.

16~29점 : 본인만의 학습법이 있더라도 비효율적일 가능성이 있다. 실제로 친구들에 비해 학업 성취도가 낮고 이는 수업 시간에 집중을 하지 않거나 수업 시간 후 복습을 하지 않기 때문에 나타나는 현상일 가능성이 높다. 공부 성취감을 높이기 위해 모르는 문제는 복습하여 알게 되는 과정을 꾸준히 훈련하자.

30~43점 : 평범한 학습법을 통해 같은 학년의 친구들과 비슷한 이해력으로 사교육을 받고 있다. 학년이 올라가거나 교과의 난이도가 높아질수록 어려움을 겪을 확률이 크다. 본인에게 가장 잘 맞는 학습법을 찾아서 유지할 수 있도록 노력하자.

44~57점 : 본인만의 학습법을 보유하고 있어 친구들에 비해 공부할 내용을 효과적으로 파악할 수 있다. 배운 내용을 자신만의 학습 스타일로 소화할 수 있고 같은 시간을 공부한다 하더라도 또래 친구들에 비해 효율적으로 학습할 수 있다. 취약한 부분만 지속적으로 보완한다면 좋은 성적을 기대해도 좋다.

58~70점 : 본인에게 알맞은 학습법으로 효율적으로 공부하고 있다. 친구들에 비해 체계적으로 공부를 할 수 있어 상위권의 성적을 유지할 수 있다. 학업 성취도가 높아 전기고(특목고, 자사고 등) 준비를 추천한다.

학부모 코너

부모와 자녀 사이에 '사교육'은 영원히 풀리지 않는 숙제와 같다. 대한민국에서 중학생 자녀를 둔 엄마들의 필수 아이템이 되어 버린 '사교육'. 학생이나 학부모나 처음부터 사교육을 하겠다고 굳게 마음먹지는 않는다. 자녀가 학교 진도를 잘 따라가지 못하면서 고민은 시작되고 가벼운 마음으로 학원을 보내는 과정부터 사교육은 시작된다. 하지만 한 번 시작하면 정말 끊기가 쉽지 않다.

사교육은 불법이 아니다. 무슨 잘못을 저지르는 행위도 아니다. 그런데 대한민국의 모든 대통령들은 사교육을 철폐시키겠다고 한다. 하지만 우리 주변에 사교육을 받지 않는 학생들은 없는 것처럼 보인다.

대체 우리 부모들은 어찌하란 말인가? 사교육을 시작한다면 정말 잘해야 억울하지 않다. 중학생 자녀를 둔 학부모들에게 '효율적으로 사교육을 이용하는 법'을 완성하기 위해 알려 주고 싶은 사항을 14가지로 간추렸다. 지금부터 한번 살펴보자.

내 자녀 '수포자' 만들지 않는 방법

대한민국의 교육 정책이 아무리 바뀌고 사교육의 트렌드가 변한다 해도 변하지 않는 한 가지 사실이 있다. 우리 자녀들이 가장 어려워하는 과목은 언제나 '수학'이라는 점이다. 초등학교 때까지는 그런대로 수학 진도를 잘 따라가던 학생도 중학교에 진학하고, 특히 문과 또는 이과를 결정해야 하는 시점에 이르면 수학 때문에 문과를 결정하는 경우를 자주 보게 된다. 심지어 수학을 포기하는 '수포자'로 전락하는 경우도 나타난다.

심지어 대한민국에서는 태아의 수학 능력 발달에 효과적이라는 '수학 태교'까지 생겨났다. 수학 태교는 임산부가 직접 수학 문제지를 풀거나 암산 등을 반복하며 태아가 수학과 친숙해지게 한다는 태교 방법이다. 예비 엄마들끼리 스터디 그룹을 만들어 고등학교 수학 문제지를 함께 풀거나 구구단을 넘어서 10단, 20단 외우기를 하는 등 다양한 방식의 수학 태교가 이뤄지고 있다.

사실 이렇게까지 대한민국의 부모들이 유독 수학에 대해 걱정하는 데는 이유가 있다. 교육 시민단체 '사교육걱정없는세상'이 2015년 조사한 결과에 따르면 고등학생의 59.7%가 수포자로 집계됐다. 초등학생과 중학생도 각 36.5%, 46.2%가 수포자였다. 수치 상으로 보면 고등학생들은 수학 수업을 듣는 학생보다 듣지 않는 학생이 더 많다는 이야기가 된다. '학년이 올라갈수록 수학이 어렵다'고 응답한 학생은 더 많았다. '학교에서 배우는 수학이 어렵다'고 응답한 학생 비율은 초 27.2%, 중 50.5%, 고 73.5%였다. 학년이 올라갈수록 약 20% 포인트씩 증가한 셈이다. 수학이 어려운 이유에 대해서는 '내용이 어렵다'고 응답한 학생이 가장 많았으며, 다음으로는 '배울 양이 많다'였다.

많은 학생들이 학년이 올라갈수록 어려워지는 수학을 포기한다. 그래서 태어나지도 않은 아기에게 수학 태교를 하는 진기한 현상이 벌어진다. 현실적으로 '수학을 포기하면 좋은 대학을 가는 것을 포기하는 것과 같다'라는 생각이 빚어 낸 현상이다. 수학은 단순히 점수가 높아야 명문대를 갈 수 있는 과목의 의미만을 갖고 있지는 않다. 이과 계열 학문의 밑거름 역할을 하고 사고력 발달에도 많은 영향을 미치는 과목이다. 그래서 포기해서는 안 된다.

대한민국은 지나치게 조기 선행 학습이 유행이다. 미취학 아동이 이미 수학과 관련한 사교육을 경험하고 나름의 공부 방식을 갖고 초등학교를 입학한다. 이에 따라, 학교 수업이 본인과 맞지 않으면 벌써 지루함을 느낀다. 단순히 눈앞에 있는 시험의 점수를 높이기 위한 사교육으로 인해 사고력과 계산력이 필요한 고등 수학으로 갈수록 현재의 공부 방법으로 답을 찾지 못하면 지레 겁을 먹는 현상이 발생하게 된다. 초등 수학은 암기만 열심히 한다면 진도를 따라가는 데 큰 무리가 없다. 학원을 다니면서 선생님이 알려 주는 공식을 외우거나 수학 책에 있는 팁을 암기하면 어느 정도 수준의 문제들은 풀 수 있다. 문제는 이런 식의 공부 방법이 수학 능력 시험까지 효과를 발휘하지 못한다는 점이다. 고등 수학에서 요구하는 사고력과 이해력을 성장시킬 수 있는 수학 공부방법을 지금부터 살펴보자.

첫째, 자녀의 학습 수준을 객관적으로 파악하여 맞춤형 학습 방법을 찾아야 한다.

아무리 축구를 잘해도 수준 높은 팀에 가서 계속 벤치 멤버로 활약한다면 실력이 감퇴할 확률이 높다. 그래서 실제로 한 단계 낮은 레벨 팀으로 가 주전으로 활약하는 선택을 하는 선수들도 많다. 수학도 마찬가지이다. 무조건 고난이도 문제를 푸는 것이 능사가 아니다. 자녀가 풀 수 있는 문제를 풀어야 한다. 맨날 문제풀이를 하는데 점수가 50점 미만이면 어떨까? 공부할 맛이 나지 않는다. 우선 자녀의 현재 실력에서 80점 이상을 획득할 수 있는 수준의 문제부터 풀도록 해야 한다. 본인의 실력에서 다질 수 있는 기본기를 최대한 다진 후에 그다음 레벨로 넘어 가야 한다.

둘째, 자녀의 현재 수학 성적에 따라 사교육 공부 채널을 선택하는 요령도 달라야 한다.

수학은 현실적으로 사교육을 하지 않고 혼자 공부하기 힘든 대표적인 과목이다. 앞서 이야기한 설문 조사 결과를 좀 더 살펴보면 '수학 사교육을 받을 때 지금 학교에서 배우는 수학 진도에 앞서 선행 교육을 한다'는 질문에 대해서 응답한 학생 비율은 초 70.4%, 중 77.8%, 고 72.1%에 달했다. 현실을 부정하지 말자. 어차피 수학은 한 번 정도는 사교육을 통한 선행 학습을 거쳐야 한다. 어차피 하는 사교육이라면 자녀의 수학 성적에 따라 어떤 공부 채널이 효과적일지 알아보자.

상위권 학생에게 수학은 명문고를 갈 수 있는 도약대 같은 과목이다. 수학을 포기하고 상위권의 성적을 유지하는 학생들도 간혹 있다. 하지만 중학교까지다. 고등학교에서는 거의 불가능하다. 심화 학습을 진행하기에 용이한 공부 채널이 필요하다. 자기주도학습이 가능한 자녀라면 인강을 통해서 최상위권 대상의 강좌를 반복적으로 공부하는 편이 좋지만 자기 절제력이 약한 자녀라면 1:1 심화 학습이 가능한 학원도 유용하다.

중위권 학생들은 수학 점수가 오르면 상위권 진입을 노릴 수 있다. 욕심을 부려서 수학 선행 학습만을 고집하지 말자. 여기서 무너지면 수포자로 전락할 가능성이 크다. 전략적으로 현재 학교에서 배우는 진도의 예습과 복습을 우선 철저히 하자. 학교 수업 내용을 따라가는 데 무리가 없으면 학원을 통해 한 단계 높은 수준의 수업을 수강하거나 모르는 부분에 대한 반복 학습이 가능한 인강을 이용해 보자.

현재 수학 성적이 하위권이지만 아직 수학을 포기하지 않았다면 희망은 있다. 우선 바로 사교육을 시작하지 말고 개념 공부를 하자. 공부 잘하는 친구를 따라 사교육을 바로 시작하면 효율성이 낮다. 창피해하지 말고 현재 중1이라면 초등 수학을, 지금 중2라면 중1 수학을 다시 복습하자. 수학은 단원별 연계성이 강하기 때문에 기초 없이 다음 단계로 넘어가기 정말 힘들다. 어제 배운 내용을 알지 못한다면 오늘 수업 내용을 이해하지 못할 가능성이 매우 크기 때문에 복습에 더욱 만전을 가하자. 하위권의 경우, 공부에 대한 의지는 있는데 공부 방법이 잘못되어 성적이 오르지 않는 경우가 있다. 오랜 기간 성적이 오르지 않는다면 부모가 도움을 주는 것도 하나의 방법이다. 자녀의 학습법에 문제가 없는지, 오답 노트를 제대로 활용하고 있는지 등 자녀가 부담을 느끼지 않는 선에서 지켜봐 줄 필요가 있다.

셋째, 수학은 최대한 단순한 계획으로 공부하자. 수학 자체가 머리가 아픈 과목이다.

공부 계획이라도 손쉽게 잡자. '개념을 정리하고 문제를 풀고 오답 노트를 작성'하자. 더 필요 없다. 3단계로 충분하다. 어떻게 공부할지 고민하면 시간만 간다.

수학은 기본 개념을 알지 못하면 문제를 풀 수가 없다. 기본 원리를 암기하는 것이 아니라 이해를 해야 문제풀이가 가능하다. 이해하지 못하면 다음 단계로 넘어가지 말자. 어차피 조금 다른 유형의 응용 문제가 나오면 틀린다. 개념만 완벽히 이해했다면 출제자가 약간의 숫자와 풀이 과정을 변형해서 만든 문제 정도는 흔들리지 않고 풀 수 있다. 하지만 기본 개념을 이해하지 못한 상태라면 수학의 고난도 문제를 푸는 것은 거의 불가능 하다. 풀어도 풀어도 계속 틀려서 결국에는 풀지 않게 되는 과목이 수학이다. 기본에 충실하자.

또한, 쉬운 문제부터 고난이도 문제까지 순차적으로 공부하자. 한국사 같은 경우, 내가 유난히 잘하는 단원이 있을 수 있다. 고구려에 대해서는 전혀 모르는데 조선을 완벽히 꿰뚫고 있다면 조선 부분의 문제는 기가 막히게 맞힐 수 있다. 하지만 수학은 조금 다르다. 앞의 내용을 모르면 뒤의 내용도 모르기 때문에 오늘 배운 내용의 쉬운 문제부터 고난이도 문제까지 차근차근 정복한 후에 다음 내용으로 넘어가자.

중요한 점은, 모른다고 답을 봐서는 안 된다. 우선은 풀 수 있을 만큼 풀어 보자. 분하지 않는가? 분명히 공부한 내용인데 풀지 못한다면. 틀려도 좋으니 모르는 문제는 오답 노트 작성을 통해 복습을 하자. 수학 공부는 끈기가 필요하다. 수능시험에서 모르는 문제라고 해서 답을 볼 수 없다. 실제 공부에서도 똑같이 진행해야 한다.

넷째, 성적이 상위권이든 중위권이든 하위권이든 한 가지 공통 불변의 사실이 있다.

바로 '복습'을 해야 한다는 점이다. 수업을 들을 때는 누구나 그 내용을 이해했다고 생각한다. 하지만 복습 없이 이해로만 끝나면 곧 잊어버린다. 사람은 망각의 동물이다. 누구나 배운 것을 잊는다. 혼자만의 시간을 갖고 복습해야 한다.

특히, 복습이 가장 효과를 발휘하는 과목이 수학이다. 눈과 귀로만 공부하지 말고 펜을 잡고 직접 풀어 보자. 수업을 들은 후에 다시 한 번 문제를 마주해야 한다. 선생님이 알려 준 문제 말고 본인이 직접 푼 문제가 필요하다. 풀이 과정이 선생님과 똑같다면 두말 할 나위 없이 좋고 자기만의 방법으로 풀 수 있어도 좋다. 문제에는 반드시 연관된 개념 한 가지가 있다. 맞힌 문제여도 이 문제에서 물어보고자 하는 바가 무엇인지 다시 살펴보고 해설지의 풀이 방법까지 확인하자. 나만의 방법도 좋지만 공식 풀이 방법도 알고는 있어야 한다. 그리고 틀린 문제는 오답 노트를 작성하고 바로 다시 풀지 말자. 이미 풀이 과정을 봤기 때문에 나도 모르게 외워서 풀 수가 있다. 주말에 시간을 내어 오답 노트에 있는 문제들을 다시 한 번 풀어 보자. 그때도 풀 수 있다면 그게 진짜 실력이다.

다섯째, 단원별 마지막 문제도 풀자. 근데 너무 어렵다. 그래서 풀고 싶지가 않다.

하지만 이 상황이 지속되면 그 문제를 풀어 내는 학생들을 이길 방법이 없다. 수학 고득점을 노리는 학생이라면 모르는 문제에 대해 고민하는 시간이 꼭 필요하다. 그 시간에 사고력과 집중력이 신장하기 때문이다. 어차피 풀지 못할 문제라고 생각하며 시간 낭비한다고 생각하지 말자. 그 시간 낭비 하는 동안에 수학은 실력이 향상되는 신비로운 과목이다. 정말 풀리지 않는 문제가 있을 수 있다. 그럴 수 있다. 그럴 때는 자신의 어떤 부분이 부족해서 문제를 풀지 못하는지 파악하고 끝내자. 개념 자체를 모르는지, 개념은 아는데 응용력이 모자라서 풀지 못하는지 오답 노트에 적어 놓자. 단순히 모르는 것과 내가 부족한 부분이 무엇인지 파악하는 것과는 차이가 있다.

수학은 어려운 문제에 도전하는 정신이 필요하다. 우리의 뇌는 자주 보면 기억하는 능력을 갖고 있다. 처음에는 고난도 문제가 쳐다보기도 싫을 것이다. 일단 답을 찾지 못해도 문제를 계속 보다 보면 글자가 눈에 들어오는 순간이 온다. 그리고 '이 문제를 풀기 위해서는 어떻게 해야 하나?' 생각이 시작되는 때가 있다. 처음은 누구나 어렵다. 처음이 어려워서 포기하는 사람과 처음이 어렵지만 도전하는 사람의 차이가 있을 뿐이다.

여섯째, 선행 학습은 신중히 결정하자.

우리 부모들도 회사에서 가끔 이런 생각을 할 때가 있지 않은가? '어떻게 내 기획안이 통과 못할 수가 있지?' 그런데 사실 알고 보면 그럴 만한 이유가 있다. 이 문서에 담아야 할 내용을 충분히 인지 못한 것이 이유가 될 수도 있고 급하게 자료 조사에 돌입해서 통과되지 않았을 수도 있다. 즉, 아직 준비가 충분하지 않은 상태에서 기획안을 제출한 것이다.

선행 학습도 이와 비슷하다. 자녀가 준비가 되었다면 선행 학습을 추천한다. 단순히 시험에서 백 점을 받는 수준을 뛰어넘어 현재 배우는 학교의 수업 내용을 충분히 이해하고 있다면 말이다. 하지만 단순히 학교에서 배운 내용을 습득해서 백 점을 맞는 상태라면 학교 수업 내용과 연관된 지식을 좀 더 깊게 파고드는 편이 성적 향상의 가속도를 가져올 확률이 높다. 무조건적인 수학의 선행 학습은 역효과를 가져올 수 있다는 점을 잊지 말자.

자녀가 구구단을 처음 배울 때, 어떠했는가? 2단을 외우게 하기 위해서 노력을 많이 했을 것이다. 어려워하는 자녀를 이끌어 주며 지치지 않도록 옆에서 다독여 주기도 했을 것이다. 그러다 보니 어느덧 4단, 5단을 외우고 있는 자녀를 발견할 수 있었다. 구구단도 자녀가 재미있어서 시작했던 것은 아니다. 옆에서 부모가 이끌어 주었기에 2단을 외울 수 있었다. 수학은 동기부여가 쉽지 않고 공부를 해야 하는 의욕이 생기지 않아 목표를 세우기도 쉽지 않다. 왜? 어렵기 때문이다. 수학을 포기하려는 자녀에게 부모가 적절한 조력자 역할을 해주면 자녀는 다시 수학에 대한 흥미가 반드시 다시 생겨날 거라 생각한다.

문제집으로 사교육비를 절감할 수 있다

지금의 학부모들이 중학교를 다니던 30~40년 전이나 지금 학교를 다니고 있는 자녀에게 모두 해당하는 공통 불변의 학습 도구를 하나 꼽자면 바로 '문제집'이다. 시대가 변해도 새 학기가 되면 문제집을 구입하는 학생들로 인해 관련 출판업체의 매출이 늘어나는 현상은 변하지 않는다. 선생님 없이 공부할 수도 있고 집에서 스스로 공부할 수도 있다는 장점은 계속 문제집을 찾게 만든다.

문제집은 누구나 사용하는 학습 도구라는 이유로 활용하는 방법에 대해 깊게 생각하지 않는 것이 사실이다. 자신에게 필요한 문제집으로 효율적인 공부를 하는 학생보다 인기 있는 교재나 인터넷에서 많이 광고되는 교재를 구매하는 학생이 더 많은 이유이기도 하다. 자녀의 실력과 학습 성향에 맞지 않는 문제집의 선택은 공부의 효율성 및 학습 능력을 떨어뜨린다. 반면에 본인에게 알맞은 문제집의 선택은 자기주도학습의 능력을 신장시켜 사교육비 절감에도 도움이 된다.

문제집을 효율적으로 활용하기 위해서는 문제집을 풀기 전에 학교 수업 시간에 배운 내용에 대한 명확한 이해 및 개념 정리가 필요하다. 학교 수업 내용에 대한 복습이 이루어지지 않은 상태에서 문제집만 풀면 시간을 낭비하는 일밖에 되지 않는다. 복습을 하지 않으면 배운 내용을 본인의 것으로 소화하는 것이 아닌 단순히 문제집을 푸는 행위로만 그친다. 내용을 이해하지 못한 채 문제를 풀기 때문에 오답 노트에 작성할 내용이 많아지고 다시 복습하는 단계에서 내용이 많기 때문에 모두 소화해 내는 것이 현실적으로 어려워진다. 틀린 문제를 복습하고 풀어도 또 틀릴 확률도 높아진다. 틀린 문제는 다시 공부하면 된다는 마인드가 아니라 배운 내용을 토대로 틀리는 문제 개수를 최소화하여 오답 노트를 통해 복습하는 시간을 짧게 만든다는 마음가짐으로 공부해야 한다. 하루는 24시간이다. 누구에게나 똑같은 시간이다. 반복적으로 이야기하지만 많은 시간을 공부하는 것이 중요한 게 아니라 주어진 시간 안에 얼마나 효율적으로 공부하느냐가 성적 향상의 관건이다.

문제를 푸는 순서를 마음대로 하는 자녀도 있다. 한 권의 문제집이 탄생하기 위해서는 수많은 사람들의 손을 거친다. 지금 보고 있는 문제집의 구성은 아무렇게나 되어 있는 것이 아니다. 문제 수준별로 자녀가 달성해야 할 목표가 있다. 자녀가 공부하고 싶은 부분과 풀고 싶은 문제만 풀지 않고 '개념 확인 문제 – 응용 문제 – 시험 실전 문제 – 고난도 문제' 순서로 차근차근 풀어 나갈 수 있도록 옆에서 지도해 주자. 뒤죽박죽 공부하지 않고 순서대로 목표를 달성해 나가는 것이 효과적이다.

첫 번째로 풀어야 할 문제는 학습 내용을 확인할 수 있는 '개념 확인 문제'다. 너무 쉬워서 그냥 건너뛰는 학생들이 많다. 하지만 오늘 공부한 내용을 기본적으로 이해하고 있는지 확인할 수 있는 단계이므로 그냥 지나치지 않도록 하자.

한 단원의 공부가 끝나면 연습 문제와 응용 문제가 나온다. 이 단계에서는 기본 개념을 암기하고 문제에 적용할 수 있는 연습을 해야 한다.

다음 단계인 시험 실전 문제는 말 그대로 실전처럼 시간을 정해 놓고 풀어 보자. 실제 학교 시험과 똑같이 시간 안에 문제를 풀어 내는 것도 실력이다. 직접 시험 시간을 조절하는 능력을 키울 필요가 있다. 우리의 목표는 개념의 이해가 아닌 실전 시험에서 성적을 올리는 것이므로 시험에 대한 적응력을 높이는 연습도 필요하다. 그 후에 최고 난이도 문제에 도전하자. 쉬운 문제만 반복해서 풀면 실력은 분명 정체된다. 문제를 해결하는 끈기를 키우기 위해서라도 마지막 문제까지 꼭 풀도록 하자.

문제집을 활용한 공부의 마지막 단계는 '오답 노트' 작성이다. 문제집을 덮으면서 오늘 공부를 다했다고 생각하는 학생들이 있는데 문제를 풀고 나서 틀린 문제는 오답 노트를 통해 다시 정리해야 한다. 즉, 문제집을 푸는 이유 자체가 '개념 정리 – 문제 풀이 – 오답 노트' 3단계 중에 오답 노트를 통해 공부를 마무리하기 위해서다. 오답 노트의 내용은 크게 3가지로 분류할 수 있다. 첫 번째, 확실하게 아는 문제, 두 번째, 개념을 명확하게 알고 있진 않지만 맞힌 문제, 세 번째, 전혀 모르는 문제다. 단순히 문제의 정답 여부를 오답 노트에 작성하는 것이 아니다. 맞힌 문제라도 정말 자녀가 문제에서 요구하는 필요한 개념을 알고 있는지 파악하는 것이 중요하다. 확실하게 알고 맞힌 문제가 아니라면 다음에 응용되어 나오면 틀린다. 개념을 이해했다고 관련된 모든 문제를 풀 수 있는 게 아니므로 오답 노트를 통해 자녀가 이해하고 있는 내용과 모르는 내용을 확실히 구별할 수 있어야 한다.

문제집 구매에 많은 돈을 사용하지 말자. 돈 낭비다. 한 권의 문제집을 처음부터 끝까지 세 번 이상 반복 공부하는 편이 성적 향상에 더 도움이 된다. 계속되는 반복이 지겹겠지만 이 과정이 상위권으로 도약할 수 있는 발판이 된다. 같은 문제집을 계속 반복하는 공부에 초반에는 자녀가 지겨움을 느낄 수 있으나 반복 학습이 습관화되면 자녀도 익숙해지는 단계가 온다.

세월이 흘러도 학생들의 공부 교재로 꾸준히 사용되는 문제집. 공부한 내용을 정확히 이해하고 실전 문제를 푸는 과정에서 적용시킬 수 있는지 살펴보는 역할로 사용해야 한다. 여기서 잠깐! 꼭 그런 학생들이 있다. '이번 학교 시험에서 나온 문제는 문제집에서 풀어 본 적이 없다!' 그렇다. 학교 시험 문제와 문제집의 문제는 동일하지 않다. 그렇기 때문에 오답 노트 복습까지 끝나고 여유가 된다면 확실한 마무리를 위해 학교 수업 노트 내용을 한번 살펴보자. 혹시 문제집에는 없었던 내용인데 학교 필기 노트에는 존재하는 내용이 있지 않은가? 그 내용까지 공부하고 끝내자. 이 과정까지 끝마친다면 학교에서 배운 내용을 문제집을 통해 복습하며 사교육을 통하지 않고도 충분히 효율적으로 시험을 준비할 수 있다.

사교육 효율을 높인다, '몰입'

살면서 본인이 집중하고 있는 부분에 완전히 빠져들어 주변에서 누가 불러도 들리지 않고 오로지 지금하고 있는 일만 눈에 들어온 적이 있는가? 그렇다면, 집중력의 최고조의 상태인 '몰입'을 경험한 것이다. 몰입은 주위의 모든 잡념, 방해물을 차단시키고 자신이 원하는 한 곳에 모든 정신을 집중할 수 있도록 만들어 준다. 이를 통해 현재 목표를 달성하기 위해 자신의 능력을 최대로 발휘할 수 있는 환경이 조성된다.

창의성 연구의 대가, 미하이 칙센트미하이Mihaly Csikszentmihalyi에 의하면 몰입은 '무언가에 흠뻑 빠져 있는 심리적 상태'를 의미하고, '현재 하고 있는 일에 심취한 무아지경의 상태'라고 정의한다. 일단 몰입이 진행되면 시간과 자아를 망각하기 때문에 시간이 가는 줄 모르고 자신이 원하는 한곳에 모든 정신을 집중하게 된다.

몰입은 본인이 목표로 하는 대상만을 눈앞에 보여 준다. '수학의 노벨상'이라고 불리는 필즈상을 수상 거부한 페렐만이라는 천재 수학자가 있다. 그는 100여 년 동안 그 어떤 수학자도 풀지 못한 난제를 검증한 유일한 수학자이다. 그는 이 공로로 인해 약 10억 원의 상금이 부여되는 필즈상을 수상했으나 이를 거부했다. 돈과 명예를 포기한 것이 아닌 수학에만 몰입하기 위해 아예 관심을 두지 않고 순수하게 본인의 연구를 계속한 것이다.

이렇듯 몰입은 아이큐보다 더 중요한 역할을 하며 위대한 업적을 만들어 준다. 그렇다면 몰입은 천재들만 가능할까? 아니다. 일상생활 속에서 우리 자녀들도 연습을 통해 가능하다. 몰입을 시도하는 자체가 집중력을 저하시키는 방해 요소를 이겨 낼 수 있게 만들어 주고 공부를 뛰어넘어 본인 스스로 인생에서 필요한 부분에 집중할 수 있는 힘을 만들어 주는 의미가 있다. 서울대 황농문 교수가 쓴『몰입』에서 말하는 '몰입을 위한 훈련 단계'를 중학생에게 알맞게 각색하여 살펴보자.

1단계는 '꾸준히'다. 매일마다 생각하는 습관을 기르는 연습을 하는 것이다. 길게 할 필요 없이 하루에 5분만 어려운 문제를 풀어 보자. 5분이 지나도 정답을 찾지 못하면 내일 또다시 5분 동안 그 문제에 집중해 보자. 이 단계는 본격적인 몰입을 하기 위한 생각하는 습관을 만드는 과정이다. 어려운 문제를 푸는 과정은 힘들고 지루하기 때문에 포기하고 싶은 마음이 생긴다. 이를 이겨 내기 위한 습관화를 통해 하루 일상에 자연스럽게 녹아들 수 있게 만들어야 한다. 한 달간, 연습하자.

2단계는 '천천히'다. 1단계를 한 달 동안 훈련했다면 이제부터는 생각하는 시간을 '5분에서 20분'으로 늘리자. 조금 더 시간의 여유를 갖고 천천히 생각하는 연습을 하며 시간의 압박에서 벗어나 느긋하게 생각을 한다. 한 달간, 지속하자.

3단계는 '오래'이다. 이제부터는 생각을 오랫동안 하는 연습을 해야 한다. 한 시간 동안 어려운 문제에 집중하자. 성공한다면 정신을 뒷받침할 수 있는 신체가 몰입을 할 수 있는 상태가 된다. 한 달간 규칙적으로 연습하면 자신의 집중력을 최대로 발휘할 수 있는 능력을 얻을 수 있다.

4단계에서는 1시간 이상, 풀리지 않는 문제에 몰입하자. 이제 스스로 본인이 집중력을 조정하면서 몰입할 수 있는 능력을 갖추게 된다. 1시간 이상 몰입을 하고도 시계를 보면 시간 너무 빨리 지나가서 놀랄 수도 있다.

이와 같은 훈련을 거쳐 자녀가 몰입을 할 수 있는 단계가 됐다면 부모는 자녀가 몰입할 수 있는 사교육의 조건을 아래와 같은 사항을 고려하여 만들어 주자.

첫 번째, 자녀가 가장 좋아하는 과목부터 사교육을 시키자.

대부분 성적이 좋지 못한 과목에 대한 사교육을 받지만 재미가 없는 과목에 대한 몰입은 상대적으로 힘들다. 하고 싶고 즐거움을 느낄 수 있는 분야에서 몰입이 일어난다. 재미가 없으면 몰입도는 떨어지고 관심에서도 점점 멀어진다. 자녀가 관심을 갖는 과목부터 사교육을 시작하면 공부에 대한 집중력을 향상시킬 수 있다.

두 번째, 지금 받는 사교육을 '왜?' 하는지 자녀와 이야기하자.

현재 공부하는 이유가 모호하고 눈앞에 성과가 보이지 않을 경우, 몰입이 일어나기 쉽지 않다. '왜' 사교육을 받아야 하며 지금 받는 사교육을 통해 무엇을 달성할 것인지 명확하게 자녀가 계획해야 한다. 3개월 안에 성과를 확인할 수 있는 목표를 잡자. 10년 뒤의 목표는 거창할 수는 있으나 와 닿지 않는다. 목표는 과목별로 구체적일수록 좋다.

세 번째, 자녀의 학습 수준에 맞는 사교육을 하자.

현재 수학 성적이 하위권인데 사고력을 요하는 상위권 대상의 소수 과외를 받는 우를 범하지 말자. 자녀의 흥미만 떨어뜨린다. 자녀의 수준과 진행하는 사교육의 난이도에 균형을 맞추자. 수준보다 높은 공부도 집중력을 떨어뜨리지만 너무 쉬운 공부도 자녀를 지루하게 만든다. 자녀가 본인에게 적절한 수준의 사교육을 받으며 목표에 도전할 수 있도록 도와주자. 흥미가 생겨야 몰입이 진행되는데, 흥미는 본인이 공부하기에 적절한 컨디션에서 가장 잘 일어난다.

네 번째, 부모의 지도도 필요하다.

부모가 자녀가 진행 중인 사교육의 진행 과정에 대해 매일 질문을 한다면 자녀는 거부감을 느낀다. 하지만 현재의 문제점이 보이는데 방관하는 자세도 자녀에게 도움이 되지 않는다. 부모의 중립적인 역할이 쉽지는 않지만 자녀가 부모의 잔소리를 싫어하는 것이지 올바른 지도를 싫어하는 것은 아니다. 시기적절한 부모의 의견은 자녀의 긴장감을 유발시켜 적극적인 몰입 상태를 만들 수 있다.

몰입을 경험하기 위한 훈련 과정은 쉽지 않다. 단기간에 성과를 볼 수 없으며 자녀의 몰입을 위해 부모도 같이 환경 조성을 위한 절제된 생활과 함께 몰입을 방해하는 요소를 제거해야 한다. 몰입은 사교육을 통해 성적을 올리는 기간을 단축시키는 데 가장 중요한 요소다. 평소에 생각하는 연습과 몰입을 위한 훈련을 꾸준히 실천한다면 성적 향상을 뛰어넘는 값진 결과를 얻을 것이다.

자녀의 꿈을 함께 하자

부모와 자녀가 같이 보면 좋은 애니메이션 영화들이 참 많이 있다. 그 중에 하나로 디즈니에서 만든 '주토피아'를 추천한다. 국내에서만 470만 명의 관객을 동원한 국내 역대 애니메이션 흥행 4위의 영화다. 영화 속의 주인공은 직업이 경찰인 토끼다. 약한 초식동물이지만 사명감을 갖고 업무를 수행하는 주인공이 크고 강한 동물들이 이미 자리를 잡고 있는 경찰 내부에서 많은 어려움을 겪으면서도 본인의 타고난 한계를 뛰어넘어 사건을 해결해 나가는 과정을 그린다. 여러 악조건 속에서도 본인의 본분을 다한 주인공 토끼는 '내면을 바라보세요. 변화의 시작은 나 자신, 우리 모두예요'라는 말과 함께 꽃길을 걷는 해피엔딩 이야기다.

아름다운 결말임에도 불구하고 마음 한 켠이 씁쓸했다. '토끼'라는 설정 자체가 '타고난 스펙은 좋지 않지만 본인의 꿈을 위해 열심히 노력한다면 성공할 수 있다'는 주제를 보여 주기 위함일 것이다. 희망적인 메시지는 마음을 훈훈하게 만들어 주나 여기서 드는 생각이 '언제부터 타고난 배경이 우리의 인생에 크나큰 영향을 미쳤나?'였다.

원래 '수저'는 밥을 먹기 위해 사용되던 도구였는데 언젠가부터 다른 의

미로 쓰여지고 있다. 금으로 만든 수저가 아니면 사회에서 성공하기 힘들다는 이야기가 마치 당연한 공식처럼 받아들여지고 있는 시점에서 주토피아의 이야기가 마냥 영화 속의 이야기로만 보이진 않는다. 평범한 가정에서 태어나서는 꿈을 이루기 어렵다는 시대를 살고 있는 우리 자녀들의 꿈을 이루는 과정이 영화와 비슷하지 않을까? 세상 모든 부모는 토끼 같은 자녀가 성공하길 바란다. '헬조선'이라 불리는 나라에 살고 있는 우리. 자녀가 꿈을 향해 나가는 과정 속에서 우리 부모들이 도움을 줄 수 있는 방법을 살펴보자.

첫째, '자녀와 대화'하자.

대화를 통해 자녀가 좋아하고 관심 있는 분야를 알아야 한다. 자녀의 성적은 아는데 자녀의 꿈을 모르는 부모들이 의외로 많다. 성공한 사람들이 많이 하는 말이 있지 않은가? '본인의 장점을 살릴 수 있는 직업을 선택해 즐기면서 일을 했더니 지금 이 자리까지 올 수 있었다'. 즉, 우리 자녀의 적성과 흥미와 같은 내적 요인을 파악해 이를 살릴 수 있는 꿈을 키우도록 옆에서 부모가 보조해 줘야 한다.

그런데 본인의 손으로 낳은 자식인데도 우리 아이의 특성을 파악하는 과정은 만만치 않다. 이해한다. 필자도 본인 자식을 완벽하게 이해하고 있다고 말할 수는 없다. 대한민국 부모들이 유달리 자녀와 같이 무언가를 의논하고 이야기하는 부분에 있어 자녀보다 더 쑥스러워한다. 그래서 자녀와의 대화 없이 '내 아들은 이래', '우리 딸은 생각은 이렇겠지'라고 단정지어 버린다. 부모 본인 마음대로 생각하지 않고 객관적으로 자식의 생각과 성격을 파악할 필요가 있다.

156

그래서 '대화'가 필요하다. 이를 통해 우리 자녀의 장점과 관심사가 무엇인지 파악할 수 있다. 많은 사람들이 자녀가 청소년기가 되면 예민해진다고 하는데 사실 부모도 같이 예민해진다. 자녀가 공부와 관련되지 않은 일을 하면 부모들의 분노 게이지가 올라간다. 부모들도 학교 다닐 때, 충분히 야간 학습 땡땡이를 쳤음에도 불구하고 말이다. 이런 감정을 갖고 있다면 이성적인 이야기가 오고 가는 게 오히려 이상하다. 화만 내지 말고 '왜 우리 자녀가 공부가 아닌 다른 분야'에 관심을 갖고 있을지 생각해 보자. 지금하고 있는 일에 특출한 재능이 있을 수도 있다. 부모와 자식 사이가 아니더라도 누가 본인의 행동에 잔소리만 하는 사람과 대화하고 싶을까? 자녀와 대화할 수 있는 마음의 준비를 하자.

둘째, 자녀와 함께 '미래를 그리자.'

자녀와 지금 현 상황에 대한 대화만 하지 말고 미래에 대한 이야기를 나누자. 현재 중학생 자녀를 둔 부모 세대에는 개인의 진로를 대학교 4학년 때 정하는 경우가 많았다. 하지만 시대가 완전히 변했다. 자유학기제가 시행되고 창의적 체험 활동 등을 통해 이미 중학교에만 진학을 해도 개인의 진로에 대해 고민을 해야 하는 시대다. 진로가 일찍 결정되면 그만큼 그와 관련된 분야의 능력을 발달시키는 시간도 늘어난다.

미국의 발달심리학자 에릭슨은 청소년기를 '정체성 혼란의 시기'라고 말한다. 청소년기는 신체적 및 정신적 성숙이 급속도로 이루어진다. 빠르게 성장하는 자신을 보며 본인의 가치 및 역할에 대한 생각도 변할 수밖에 없다. 이 시기 자체가 아동도 아니고 성인도 아닌 그야말로 '낀 시절'이어서 자녀 스스로도 많은 혼란을 겪는다. 청소년기는 의식적으로 행동하기보다 무의식 중에 행동을 하는 경우도 많다. 이러한 자녀를 옆에 두고 우리 부모는 어떤 행동을 해야 할까? 지금 TV를 보고 있는 자녀를 막무가내로 혼낼 것인가? 아니면 방황하는 자녀의 자아 정체성을 찾을 수 있게끔 옆에서 조력자 역할을 할 것인가?

우리 자녀가 꿈꾸는 미래에 대해 날개를 달아 주자. 꿈은 클수록 좋다고 하지 않나. 자녀가 자신의 인생에 대해 장기적으로는 원대한 포부를 가질 수 있도록 독려하고 이를 이룰 수 있는 계획을 세울 수 있도록 도와주자. 앞에서 힘들게 자녀를 끌고 갈 필요가 없다. 간혹 자녀의 장래 희망을 부모가 결정하는 경우가 있다. 자녀와 상의도 없이 말이다. 그 이유도 단순하다. 아빠가 어렸을 때, 판사가 되고 싶었는데 꿈을 못 이루었으니 대신 아들보고 법대에 가라는 식이다. 과연 청소년기의 자녀가 부모의 마음을 이해할 수 있을까? 자신의 진로가 명확하기 때문에 편할 수는 있으나 꿈에 대해 치열하게 생각하며 고민하고 아파하면서 스스로 성숙해가는 과정을 거칠 수 없다.

자녀가 미래라는 어둠 속에서 헤매고 있을 때, 빛을 밝혀 주는 등대가 되자. 우리 자녀도 본인 스스로의 계획을 세울 수 있는 능력은 있다. 능력이 없어서 부모의 조언이 필요한 것이 아니다. 현재 자녀가 겪고 있는 상황을 미리 경험한 부모와의 대화가 필요한 것이다. 야단치는 시간을 조금씩 줄여 가며 자녀의 미래를 함께 그리는 시간을 늘려 가 보자.

셋째, '자녀의 자존감'을 형성시켜 주자.

자녀가 꿈을 펼치는 길이 꽃길이 아닐 수도 있다. 어려운 상황에 처할 수도 있고 때로는 실패할 수도 있다. 자녀가 주저앉길 바라는가? 아니면

털고 일어서길 바라는가? 어려운 상황을 유연하게 이겨 내는 사람들을 보면 그들에게는 자기 자신에 대한 '자존감'이 있다. 자존감은 평소에 부모가 자녀의 꿈을 응원하고 자녀 스스로 본인의 행동에 대해 책임을 지는 과정을 통해 키울 수 있다. 이는 실패를 토대로 깨달음을 얻을 수 있는 힘을 만들어 준다.

앞으로 우리 자녀들은 본인의 꿈을 이루는 과정에서 크고 작은 어려움을 겪을 것이다. 지금은 좋은 대학에 입학하는 것이 인생의 전부처럼 느껴지지만 대학에 입학하고 나서 편입을 준비하는 학생들도 많다. 대기업에 취업하면 목표를 달성했다고 생각할 수 있지만 대한민국의 이직률은 점점 높아지고 있다. 자기 자신에 대해 실망할 수도 있고 본인이 처해진 환경을 탓하는 순간이 올 수도 있다. 이를 극복할 수 있는 힘을 자녀 스스로 형성할 수 있게끔 '자존감'을 만들어 주자.

점점 '진로'와 관련한 수업 시간이 늘어나며 '나의 꿈'에 대해 우리 자녀들이 생각할 기회가 많아지고 있다. 자녀에게 '꿈이 무엇인지' 물어보자. 이미 알고 있었다면 변하지 않았는지 확인해 보자. 오늘 하루만큼은 '어서 들어가서 공부해'라는 말보다 자녀의 자존감을 키워 줄 수 있는 대화를 하자. 이 과정이 반복되면 분명 자녀는 본인의 미래에 대해 스스로 책임지고 꿈을 위해 살아가는 성인으로 성장할 것이다.

자유학기제를 초장에 잡자

자유학기제. 2016년부터 갑자기 대한민국의 중학생들은 1학년 2학기 지필고사를 보지 않는다는 교육부의 발표가 있었는데 이유가 바로 '자유학기제'이다. 중학생들은 한 학기 동안 중간고사와 기말고사를 보지 않는 대신 토론, 직장 체험 활동, 동아리 활동 등 실습 수업을 받게 된다. 또한 자녀가 진로 체험 계획을 스스로 세워 한 학기에 두 차례 이상 종일 체험 활동을 하고 학교를 가지 않아도 출석이 인정된다.

좋은 제도이긴 한데 사실 학부모들은 이럴 때 난감하다. 부모가 학교 다닐 때는 없었던 제도인데 우리 자녀들에게는 적용되는 교육 제도이니 무엇인지는 알아야 하는데 어떻게 대비해야 할지는 막막하다. 한번 우리의 현실을 살펴보자. 많은 자녀들이 또래 친구들이 학교를 다니면서 공부를 하고 있기 때문에 본인도 학교 다니는 것을 당연한 것으로 여길 뿐 '내가 무엇을 위해 공부를 하나?'에 대해 진지하게 생각하지 않는 것이 사실이다. 그래서 수능시험을 보고 대학을 선택할 때, 자신의 적성보다는 소위 말하는 조금이라도 서열이 높은 대학에 입학하려고 노력한다.

자녀들이 적성을 살릴 수 있는 학과가 아닌 학교에 집착하는 이유는 무엇일까? 우선, 자신의 적성과 흥미에 대한 고민을 하면서 학창 시절을 보내기에는 수능시험이라는 큰 장벽이 우리의 자녀 앞에 놓여 있다. 단순히 지필고사에서 점수를 잘 받기 위한 부분에만 전념하게 만드는 구조다. 자기 자신에 대한 탐색의 시간이 부족한 현 시점에서 대한민국의 중학생들이 자유학기제를 통해 꿈에 대해 생각해 보고 자신의 적성과 흥미를 찾는 시간은 꼭 필요한 부분이긴 하다.

우리나라는 자유학기제 도입이 좀 늦은 편이다. 교육 선진국으로 불리는 아일랜드, 영국 등은 이미 자유학기제를 시행하고 있다. 아일랜드는 '학생들에게 1년 동안 다양한 경험을 쌓으면서 미래를 스스로 설계할 수 있는 시간을 주자'는 취지로 '전환 학년제'를 실시한다. 아일랜드의 학제는 '유치원 2년→초등학교 6년→중학교 5년'이다. 중3 과정을 마치면 중등학력인증시험Junior Certificate을 보는데 여기서 곧바로 중4년이 되는 대신에 1년 동안 다양한 실습과 직업 체험을 통해 학생들 스스로 진로를 탐색하는 과정인 전환 학년제가 시행되는 것이다. 학생들은 정해진 시간표 없이 자기주도적으로 프로젝트 수업, 직업 활동 체험 등 시험 위주의 공부에서 벗어난 학습을 하게 된다.

영국은 1960년대부터 '갭이어Gap Year'라 불리는 자유학기제를 운영 중이다. 대학에 입학하기 전에 자신의 진로 계발을 위해 진로 탐색, 교육, 인턴 등 다양한 진로 선택과 관련된 활동을 한다. 공식 학사 과정이 아님에도 매년 3만 명 이상의 학생들이 갭이어를 선택한다. 다양한 사회경험과 직업 체험이 진로 선택에 도움을 주며 실제로 갭이어를 경험한 학생들은 본인이 원하는 전공을 찾아 학업 성취도가 올라감에 따라 대학교 자퇴율도 낮아졌다.

사실 지금까지 대한민국의 교육 정책이 문제였다. 마치 서태지의 〈교실 이데아〉처럼 각기 다른 개성의 아이들을 같은 교실에 몰아 넣고 똑같은 주입식 교육만 하다 보니 한창 호기심이 많을 나이의 학생들의 니즈를 충족시켜 주지 못했다. 우리 자녀가 진로에 대한 고민을 충분히 해볼 수 있는 시간이 없었다.

그런데 여기서 한 가지 문제점도 있다. 아직 자유학기제가 제대로 자리 잡지 못한 대한민국에서는 자유학기제를 보낸 이후의 시간이 문제다. 상대적으로 학업 공부를 소홀히할 수밖에 없는 1학년 2학기가 끝나고 2학년 1학기가 되어 다시 시험을 보고 공부를 해야 하는 생활에 어려움을 겪는 학생들이 실제로 생기기 시작했다. 심지어 자유학기제를 이용하여 본격적으로 선행 학습을 시작하는 학생들도 있다. 다른 학생들이 학업 공부를 소홀히하는 틈을 타 격차를 벌려 놓겠다는 심산이다. 현재 자유학기제는 '양날의 칼' 같은 존재다. 이것저것 생각할 부분이 많은 자유학기제를 효율적으로 보낼 방안을 한번 살펴보자.

첫째, 우선적으로 명심해야 할 부분은 언제나 학교 활동이 최우선이라는 점이다.

학교에서 진행하는 활동과 실습 수업을 열심히 참여하는 것이 자유학기제의 제1의 목표가 되어야 한다. 좋은 고등학교를 가기 위해서 학생부의 내용이 좋아야 하고 이를 작성하는 사람은 담임 선생님이다. 사교육이 자유학기제를 우선할 수 없는 이유다. 자유학기제에서 가장 중요한 키워드를 꼽으라면 '참여'다. 토론과 발표, 프로젝트 활동에 소극적이라면 좋은 평가를 받을 수 없다. 학생들의 평가 내용을 담임 선생님이 직접 학생부에 서술형으로 평가를 기재한다. 선생님의 한 마디, 한 마디가 절대적인 영향력을 끼친다. 학교 생활에 충실해야 한다.

둘째, 자유학기제에 대해 절대 잊어서는 안 되는 점! '평가'가 존재한다는 사실이다.

예전 같은 객관식 문제를 푸는 지필고사가 없을 뿐이지 참여 수업을 기반으로 한 다양한 평가 제도가 여전히 존재한다. 형성 평가, 자기 성찰 평가 등의 자체 평가가 이루어지고 팀 과제를 팀원들에게 평가를 받을 수도 있다. 마치 회사 신입사원을 뽑는 과정과 유사해졌다. 혼자만 뛰어나게 잘해서도 좋은 평가를 받을 수 없다. 사실 형성 평가의 횟수 및 방법을 교사가 자유롭게 설정할 수 있기 때문에 명확하게 평가의 기준을 알아낼 방법은 없다. 그렇기 때문에 더욱더 '지속적이고 적극적인 참여'를 통해 좋은 평가를 받는 것이 중요하다.

셋째, 자유학기제 기간 동안 자녀에게 무리한 선행 학습을 시키지 말자.
자유학기제 동안에는 학교 활동을 충분히 할 수 있도록 시간을 확보해 주어야 한다. 학부모가 자유학기제에 대해 두려워하는 부분을 안다. 자녀의 공부하는 습관이 깨질 수도 있고 어렵게 쌓은 집중력이 무너질까 두렵다. 하지만 두 마리 토끼를 잡으려다 한 마리도 잡지 못하는 실수를 범하지 말자. 무조건적으로 선행 학습을 시키는 것보다 하루에 한 시간이라도 지금 학기의 공부를 예습 및 복습할 수 있는 흐름을 유지하는 선에서 지도하자.
단, 한 학기 동안 지필고사를 보지 않으면서 주요 과목의 공부 흐름이 끊길 가능성은 충분히 있다. 특히, 많은 자녀들이 중요하게 생각하면서도 어려워하는 영어와 수학은 한 학기를 놓치면 다음 학기에서 포기할 가능성이 있다. 지필고사가 없다는 사실에 너무 방심하지 말자.

넷째, 자유학기제의 여유 시간을 이용하자.

자유학기제가 존재하지 않았던 시절에는 1학년 1학기가 시작되고, 3학년까지 쉴 새 없이 학과 진도가 이어지면서 복습할 시간이 부족했던 것이 사실이다. 그리고 방학이 되면 어느 부분이 부족한지 알면서도 다음 학기 예습을 위해 마음은 불안한데 복습을 진행하기 쉽지 않았다. 자유학기제 기간을 이용해서 부족한 부분을 효율적으로 보충하도록 하자.

특히, 하위권 학생은 1학년 1학기 내용의 복습을 통해 2학년에 들어서 성적 역전을 노려 볼 만하다. 스스로 공부하는 데 어려움을 겪는다면 효율적으로 사교육을 이용하자. 집에서 기출 문제를 풀어 보면서 모르는 부분만 인강을 통해서 보충해도 좋고 오답 노트에서 틀린 문제만 복습을 해도 좋다. 부족한 부분을 보충할 수 있는 절호의 기회다. 중2부터는 정말 정신 없다.

자유학기제를 전후로 1학년 1학기에 좋은 성적을 유지했던 학생이 2학년 때 그 흐름을 이어가지 못하는 상황이 발생할 수도 있고 그와는 반대로 1학년 때 공부를 소홀히했던 학생이 자유학기제를 거치면서 본인의 분명한 꿈을 찾고 이를 통해 2학년 때 학습 의지가 더 강해질 수도 있다. 자유학기제는 학생 본인이 어떻게 시간을 보내느냐에 따라 얻는 부분이 많이 달라질 수 있다. 자녀가 자유학기제의 장점을 충분히 누릴 수 있도록 옆에서 도와주자.

공부도 습관입니다

자녀가 본인만의 올바른 학습법을 지니고 있다면 얼마나 좋을까? 하지만 곰곰이 생각해 보면 우리의 부모님도 똑같은 생각을 하셨을 거다. 자녀는 참 내 맘대로 되지 않는다. 그런데 희한하게 친구 아들은 스스로 계획을 짜고 공부를 해서 전교 1등을 하고, 인터넷에서는 사교육 한번 하지 않고 명문고에 들어간 학생들의 이야기가 넘쳐난다. 우리 자녀는 공부를 하려고 방에 들어가면 5분 후에 코 고는 소리가 들리는데 말이다. 그렇다고 엄친아의 엄마가 나보다 훨씬 뛰어난 자녀 교육법을 보유하고 있는 것처럼 보이지도 않는다. 맨날 자녀를 구박할 수도 없는 노릇이고 무엇이 문제일까?

뉴욕타임스 기자 찰스 두히그가 지은 『습관의 힘』The power of habit을 보면 반복되는 행동이 만들 수 있는 큰 변화를 소개하고 습관의 패턴을 탐구한 내용을 보여 준다. 우리 모두가 어떤 시점에는 의식적으로 결정하지만, 얼마 후에는 생각조차 않으면서도 거의 매일 반복하는 선택에 대해 이야기한다. 공부도 마찬가지다. 하루에 일정 시간은 몸에 밴 습관처럼 공부에 할애할 수 있도록 만들어야 한다.

습관은 한번 만들어지면 생각보다 우리 삶의 구석구석에 파고들어 온다. '세 살 버릇 여든까지 간다'라는 말이 있지 않은가? 좋은 습관은 한번 길들여 놓으면 우리에게 평생 긍정적인 작용을 가져온다. 생각해 보면 우리의 일상적인 행동은 대부분 습관에서 비롯된다. 친구에게 연락하고 싶으면 고민하지 않고 메시지를 보내고 배고프면 냉장고 문을 연다. 이런 과정 모두 습관이 되었기 때문에 가능한 행동이다.

습관은 태어날 때부터 갖고 태어나는 천성적인 부분이 아니기 때문에 자녀가 성장하면서 좋은 습관을 만들 수 있도록 부모가 도와줄 수 있다. 하지만 자녀가 성장할수록 부모는 자녀의 습관보다는 성적에 대해서 관심을 갖는다. 자녀가 태어났을 때를 생각해 보자. 자녀의 오감을 발달시키기 위해 누가 시키지 않아도 초점 책을 구입해서 보여 주고 다리 맛사지와 함께 '쭉쭉이'도 해주는 등 습관처럼 자녀를 위한 행동을 했다.

지금은 어떠한가? 자녀와 스킨십이 있는가? 자녀와 눈을 맞추고 대화하려고 노력하는가? 부모 스스로도 본인이 변했다는 것을 느낄 것이다. 아마 지금까지 꾸준히 자녀와 저녁식사 후에 30분 간 대화하는 시간만 가졌어도 대화가 습관이 되어 부모와 자녀와의 사이에 윤활유 역할을 했을 것이다.

한국교육개발원에서 발표한 '초등학교 취학에 대한 학부모의 인식과 지원 방안'에 따르면 학부모들이 자녀의 입학을 준비하면서 10명 중 7명이 읽기·쓰기, 셈하기 등 기초 학습과 관련된 선행 학습을 가장 많이 한다고 답했다. 다음으로는 물건 챙기기, 화장실 사용 및 뒤처리, 등하굣길 탐색 등 스스로 하는 연습(64.4%), 규칙적인 생활 습관 형성(63.1%), 건강 관리(46.9%) 순으로 나타났다. 이후 실제 학교 생활을 시작한 초등학생 학부모를 대상으로 다시 한 번 '실제로 입학 준비 중 가장 도움이 된 항목'을 물은 결과, '규칙적인 생활 습관 형성'이 64.4%로 가장 높게 나타났고 물건 챙기기 등 스스로 하는 연습, 선행 학습 등이 뒤를 이었다.

이처럼 습관은 우리 부모들이 중요하게 생각하는 선행 학습보다도 실질적인 도움을 준다. 단순히 선행 학습을 통해 미리 앞서 학과 수업을 공부하는 것보다 '공부를 하는 습관'을 기르는 것이 장기적으로 더 유익하다. 솔직하게 최근에 '우리 자녀에게 나쁜 공부 습관이 있지는 않을까?'에 대해 생각해 본 적이 있는가? 아마 학원 숙제를 제대로 했는지 질문을 한 적은 있을 것이다. 똑같은 학원에 똑같은 돈을 내고 친구들과 앉아 있지만 공부 습관이 형성되어 있지 못하다면 올바른 공부 습관을 가진 친구에 비해 성적이 뒤떨어질 확률이 높다. 하지만 아직 늦지 않았다. 지금이라도 나쁜 습관이 보인다면 고치면 된다.

자녀의 나쁜 공부 습관을 고치기 위해 첫 번째로 할 일은 '자녀의 습관 파악하기'다. 막연히 부모가 자녀에게 일방적으로 자녀의 공부 습관을 고치라고 하면 올바른 습관이 형성될 수 없다. 자녀 스스로 본인의 고치고 싶은 공부 습관이나 바라는 공부 환경을 생각할 시간을 주자. 그리고 자녀의 이야기에 귀 기울이자. 예를 들어, 자녀가 '조용한 곳에서 공부하고 싶어요'라고 말을 한다면 '엄마, 저는 지금 공부할 때, 집중이 전혀 안 돼요'라는 뜻이 말 속에 숨겨져 있다. 자녀의 말을 단어 그대로만 받아 들이지 말고 자녀의 생각을 읽도록 노력하자. "어떤 나쁜 습관을 고쳐야겠니?"라고 직설적으로 물어보면 본인의 단점을 말하는 것도 쉽지 않고 어떤 대답을 해야 할지도 막막해진다. 그러므로 "어떤 공부 습관을 갖추고 싶어? 원하는 공부 환경이 있어?"와 같이 긍정형의 질문을 하자.

자녀와의 대화를 통해 원하는 공부 습관을 파악했다면 자녀가 나쁜 습관을 보일 때, 스스로 인지하고 고칠 수 있도록 독려하자. 본인이 원하는 공부 습관에 반하는 행동을 했을 때, '언제, 어디서, 왜' 그랬는지 작성해 두는 것도 도움이 된다. 예를 들어, 자녀가 공부를 해야 하는 시간에 게임을 한다면 한 달 정도의 시간을 갖고 시간과 장소를 체크하는 것이다. 그러면 공통적인 시간대와 장소가 파악된다. 그럼 그 시간대에 게임을 하지 못하게끔 다른 스케줄을 넣거나 그 장소가 아닌 다른 장소에서 공부를 하도록 하자. 강제로 학원 수업 시간을 넣을 수도 있고 게임을 하던 장소에서 부모와의 대화 시간을 일부러 만들 수도 있다. 스스로 고치는 것이 어렵다면 강제적인 요소를 넣어 습관의 변화를 가져오게 만들자. 단, 부모가 일일이 확인하지는 말자. 그것 자체가 자녀에게는 스트레스다.

본인의 행동을 전부 통제하고 있다고 생각해도 습관은 반복적으로 무의식 중에 일어난다. 사람의 첫 인상을 파악할 때, 그가 하는 말을 듣고 파악하지 않는다. 외모, 스타일, 걸음걸이 등 비언어적 요소로 인해 그 사람의 첫 인상이 각인된다. 내가 그렇게 하려고 하는 것이 아니라 무의식 중에 어쩔 수 없이 그 사람이 말하는 단어보다 그 사람의 목소리로 인해 우리는 그 사람에 대한 기억을 하게 된다. 습관은 자녀가 쉽게 제어할 수 없는 부분이다. 오랜 시간 동안 무의식적으로 일어나는 행위이기 때문에 한순간에 바꾸는 것은 불가능하다. 그래서 그 어느 부분보다도 더 노력이 필요하다. 너무 조급해하지 말자.

2017년 한국보건사회연구원이 발표한 '한국 국민의 건강 행태와 정신적 습관의 현황과 정책 대응'의 문서를 살펴보면 국민 10명 중 9명이 근거 없이 멋대로 생각하는 '인지적 오류'의 습관이 있다고 한다. 국민의

90% 나쁜 습관을 갖고 있다. 나쁜 습관이 나한테만 있는 것이 아니다. 그러므로 나쁜 공부 습관 대한 걱정하는 시간을 부모가 함께 자녀와 좋은 습관을 형성하기 위해 노력하는 시간으로 바꾸자.

누구나 그렇듯 시간이 지나면 의지는 약해진다. 이미 오랜 기간 굳어진 습관을 바꿔야 하는 상황이라면 더욱 그럴 것이다. 그래서 습관을 변경하는 과정 속에서 중도 포기자가 많이 속출한다. 심지어 자녀보다 부모가 먼저 포기할 수도 있다. 습관 형성의 과정이 쉽지 않기 때문에 처음부터 독한 마음으로 시작해야 한다. '그냥 기존 습관을 유지하면서 공부하는 양을 늘리는 것이 효율적이지 않나?' 하는 생각도 들게 된다. 이 과정을 겪는 자녀는 그 누구보다 어려운 싸움을 하는 중이다. 옆에서 부모가 자녀와 함께 의지를 갖고 변화된 순간을 상상하며 힘을 내자.

공부하고 싶은 환경을 만들어 주자

　서점에 가면 책상 위치만 바꿔도 성적을 바꿀 수 있으며 조명의 밝기가 성적을 좌우한다는 책들이 시판되고 있다. 사실 학부모 중에는 책상이 공부 능률을 상승시킨다는 자체에 공감을 못하는 분도 있고 가구의 배치를 통해 학업 성취도를 높인다는 자체가 욕심이라고 말하는 분들도 있다.

　하지만 전혀 근거가 없는 이야기는 아닌 듯하다. 빌 게이츠는 '정리가 잘된 환경'에서 일하는 것을 선호한다고 알려져 있다. 다른 것들로부터 방해되지 않도록 자신이 필요한 물건만 두고 깔끔하게 정리된 책상에서 일하고 공부하는 환경을 즐긴다고 한다. 반면에 아이슈타인은 지저분한 상태에서 연구하는 것을 즐겼다고 한다. 그렇다면 깨끗함과 지저분함의 차이가 중요한 포인트가 아니라 '본인이 공부에 더 집중할 수 있는 환경'이 무엇인지 파악하고 이를 실제로 조성하는 능력이 필요한 것으로 보여진다.

　자녀뿐 아니라 부모도 주변 환경에 영향을 받는다. 사촌이 땅을 사면 배가 아프고 나보다 못생긴 친구가 잘생긴 남편을 데려오면 자괴감이 드는 현상 모두 환경의 영향을 받는 예시이다. 예전에는 학부모들이 자녀에게 "집중해서 공부를 열심히 하면 주변 소리도 들리지 않아! 핑계대지 말고 집중해!”라고 말을 했지만 시끄러운 환경보다 조용한 환경이 집중하기에 더 좋은 것이 사실이다. 특히, 공부에 흥미가 없는 자녀 중에 ‘오지라퍼’가 많기 때문에 주변 환경에 더 민감하다. 시중에 나와 있는 도서나 칼럼 등은 ‘물리적 공부 환경’에 대해 이야기를 많이 한다. 예를 들어, ‘자녀의 공부방은 이렇게 꾸며라’ 또는 더욱 세부적으로 ‘소음을 줄이기 위해서 이렇게 하라’는 식이다. 하지만, 학습 환경은 심리적 환경도 중요한 부분을 차지한다. 아무리 책상 정리가 잘되어 있고 완벽하게 집중할 수 있는 조명의 밝기를 갖춘 방이라 하더라도 여자친구와 싸우고 들어온 아들이 바로 공부에 집중하기란 쉽지 않을 것이다. 우리 부모들이 부부싸움을 하고 출근한 아침 9시를 생각해 보면 다른 날보다 업무에 집중하기에 어려움이 있다. 효율적인 학습 환경은 단순히 자녀의 공부방을 잘 꾸며준다고 해서 구성되는 것이 아니라 자녀의 심리적인 요소까지 고려되어야 한다. 그렇다면 ‘최적의 학습 환경’을 조성하는 방법을 물리적 환경과 심리적 환경을 모두 고려하여 구체적으로 살펴보자.

첫째, 책상은 방문을 등지지 않고 햇빛을 받는 쪽에 두자.

공부 효율을 높이는 데 가장 중요한 물리적 도구는 책을 직접 펴 놓는 책상이다. 책상은 방문을 등지지 않아 드나드는 사람을 볼 수 있도록 하는 편이 집중력이 떨어지는 순간을 줄일 수 있다. 멜라토닌을 형성시켜 주는 햇빛을 조명 삼아 공부할 수 있도록 하고 스탠드만 켜 놓고 공부하는 것보다 형광등을 통해 실내 밝기를 조절하는 편이 시력에 좋다.

둘째, 책상 위는 깨끗하게 하자.

아인슈타인이 아무리 지저분한 상태에서 공부하는 것을 즐겼지만 그분은 천재다. 일반적으로는 깔끔한 상태가 집중력 향상에 도움을 준다. 요즘은 정리 정돈을 잘하는 것도 하나의 능력이다. 사람은 어쩔 수 없이 눈앞에 무언가 보이면 관심을 가질 수밖에 없다. 이는 반사적인 행동이므로 마음 편하게 자녀의 눈앞에서 공부와 관련이 없는 물품들은 다 치우자. 단, 책상은 부모가 치우지 말고 자녀가 직접 치울 수 있게 하자. 지저분해 보여도 자녀 나름의 스타일로 구성되어 있을 수도 있다. 책상 전부를 치우기 어렵다면 가능하면 앞쪽만큼은 치우자. 앞쪽이 지저분하면 시선이 지속적으로 분산된다. 자주 사용하는 물건은 최대한 가까운 곳에 배치해 학용품을 찾느라 시간을 소비하지 않도록 하자.

셋째, 책상만큼 중요한 것이 의자다.

불편한 의자에 앉아서 9시부터 6시까지 회사 업무를 본다고 상상해 보자. 정말 죽을 맛일 것이다. 더군다나 우리의 자녀들은 지금 한창 성장기다. 척추가 곧게 펴져야 할 시기다. 공부하는 자세는 집중력과도 관계가 있기 때문에 의자는 직접 앉아 보고 고를 필요가 있다. 뻔한 이야기이지만 딱딱한 의자보다는 약간 푹신하면서 등을 곧게 펴 주는 의자를 선택하자. 일반적으로 엉덩이를 의자 끝에 붙였을 때, 발바닥이 편하게 바닥에 닿아야 한다. 발바닥이 닿지 않으면 그만큼 상체의 무게를 척추가 지탱해야 하기 때문이다.

넷째, 자녀를 편안하게 만들어 주자.

양심적으로 생각해 보자. 오늘 자녀와 나눈 대화 내용이 '이제 씻었으면

공부해', '오늘 학원은 어땠어? 복습해야지' 식의 공부 관련 내용이 전부
는 아니었나? 우리 자녀들은 이제 겨우 10대다. 세상에 태어난 지 13~16
년 밖에 안 됐다. 학교에서 친구와 싸웠을 수도 있고 엄마가 모르는 수행
평가의 결과가 잘 나오지 않아 혼자 기분이 좋지 않을 수도 있다. 심리적
으로 본인을 괴롭히는 요소가 있다면 이런 상황에서 공부 얘기밖에 하
지 않는 부모가 미울 수도 있다. 자녀가 집에서 편안함을 느낄 수 있는 분
위기를 조성하자. 공부 이야기 말고 대화를 통해 스트레스를 받는 부분
이 있진 않은지 살펴보자. 자녀의 심리적인 요인은 긍정적인 학습 환경
에서 매우 큰 비중을 차지한다. 자녀가 '집은 편한 곳'이라는 마음을 갖게
만들어 주어야 한다.

다섯째, 부모도 함께 집중할 수 있는 분위기를 만들자.
　휴대전화나 게임이 공부에 도움이 되지 않는다는 것은 자녀도 충분히
알고 있다. 하지만 재미있으니깐 그만두지 못할 뿐이다. 자녀와 함께 공
부하는 분위기를 만들자. 이 분위기를 유지할 수 있도록 휴대전화나 게
임을 하는 시간을 지정하고 자녀가 약속을 지킬 수 있도록 부모도 하지
말자. 컴퓨터를 공용 장소에 두면 조금 더 강제성이 생기겠지만 인강으
로 공부하는 학생이라면 본인의 방에서 수강하길 원할 가능성이 크다. 물
리적인 제약 장치보다 별도로 자유 시간을 지정해 다른 사이트에 접속할
수 있도록 하는 편이 낫다.
　단순히 자녀에게 공부를 요구하는 부모가 아니라 공부 환경을 함께 형
성하는 부모가 되도록 노력해 보자. 공부 환경을 자녀와 함께 조성하는
과정 속에서 자녀에 대해 조금 더 알게 되는 효과도 있다.

칭찬은 자녀도 춤추게 한다

가장 최근에 자녀에게 고맙다며 칭찬을 한 적이 언제인가? 혹시 무슨 부모가 자식에게 '고맙다'라는 표현을 하냐고 생각하지는 않나? 그렇다면, 자녀도 부모와 똑같이 부모 자식 간에 무슨 '고맙다'라는 표현을 쓰냐는 생각을 할 수 있다.

자녀가 공부를 열심히 하는 것이 당연하다고 생각하는 부모가 많다. 그런데 한번 생각해 보자. 우리 부모들은 학생 때, 공부를 얼마나 열심히 했는가? 학생 때는 딱히 할 수 있는 게 많지 않다. 학교가 끝나면 학원을 갔다가 집에 와서 잠을 자고 다시 학교를 가는 생활 패턴의 연속이다. 그래서 자연스럽게 공부가 아닌 다른 일탈을 하고 싶은 때다. 그럼에도 불구하고 아무런 사고 없이 학생의 본분을 다하는 자녀에게 '고맙다'라는 이야기 한번 하지 않는다면 너무 인색한 부모이다.

갈수록 사교육을 받는 학생의 비율은 더 높아질 것이다. 출산율이 점점 떨어지며 학령 인구가 줄어들면서 자녀 한 명에게 성적을 올릴 수 있는 모든 수단을 집중시키는 것이 가능해졌다. 학교가 끝나고 지친 몸을 이끌고 학원을 가는 자녀에게 '열심히 공부해 주니 엄마가 다 고맙네!'라는 말 한 마디가 그날의 자녀 기분을 좌지우지 할 수 있다. 자녀의 생활 공간 안에서 만나는 사람 중에 가장 많은 영향을 끼치는 인물은 '부모'다. 아직 사회생활을 하면서 만난 직장 동료도 없고 결혼을 약속한 이성 친구가 없을 가능성도 높다. 부모의 말 한 마디가 충분히 자녀의 마음가짐을 바꿀 수 있다.

그런데 대한민국 사람들은 칭찬과 감사 표현에 참 인색하다. 특히, 가족 관계에서 더 인색하다. 하지만 칭찬은 자녀의 긍정적인 성격 형성을 위해서라도 꼭 필요한 부분이다. 정신분석학자들은 애착 이론에 빗대어 설명하는데 아기 때는 엄마가 자신을 싫어한다는 느낌을 받으면 생존의 위협을 느끼며 부정적인 성격을 지닌 아이로 자라게 된다. 이 아이의 성격을 바꿀 수 있는 방법이 바로 '칭찬'이다. 부모의 칭찬은 청소년기의 자녀에게 자존감을 형성시켜 주는 가장 간단한 원동력이다. 더 이상 부끄러워하지 않고 자녀에게 제대로 된 칭찬을 해주자. 자녀도 춤추게 만들 수 있는 칭찬을 제대로 하는 법을 살펴보자.

첫째, 결과가 아닌 과정을 칭찬하자.

과정은 좋은데 결과가 좋지 않을 수도 있다. 그렇다면 자녀는 실의에 빠져 있을 것이다. 이런 상황에서 눈치 없이 결과에 관해 이야기하지 말고 자녀가 노력한 과정을 칭찬해 주자. 과정을 칭찬받은 아이는 본인의 노력에 대해 스스로 긍정적인 생각을 갖기 때문에 추후에 어려운 과제가 있어도 틀리는 것을 두려워하지 않고 도전하게 된다.

스탠퍼드대 심리학과 교수 케롤 드웩이 초등학교 5학년을 대상으로 진행한 칭찬에 관한 실험을 보면 명확하게 결과와 과정을 칭찬했을 때의 차이를 보여 준다. 실험은 학생을 두 집단으로 나누어 똑같은 문제를 제공하며 진행된다. 한 집단에는 문제를 푸는 과정을 칭찬하고 다른 집단에는 그들의 결과를 칭찬했다. 그리고 나서 하나는 쉬운 문제, 하나는 어려운 문제를 제공하며 학생들에게 선택권을 준다. 결과는? 노력을 칭찬받은 학생들의 90%는 어려운 문제를, 결과를 칭찬받은 학생들은 쉬운 문제를 선택했다. 왜? 결과를 칭찬받은 아이들은 이번에도 정답을 맞혀 칭찬을 받아야 하기 때문에 맞힐 가능성이 큰 쉬운 문제를 선택한 반면에 과정을 칭찬받은 학생들은 노력하는 과정 자체를 즐기게 되면서 어려운 문제에 도전하게 된 것이다.

비단 학생 시절뿐만 아니라 성인이 되어서도 과정을 칭찬받았던 학생들은 어려운 문제에 도전하는 힘이 생기며 스스로 성장한다. 반면에 결과를 칭찬받은 학생들은 언제나 최고의 결과를 유지하기 위해 쉬운 도전을 찾게 되고 결국 발전보다는 현실에 안주하는 결과를 가져온다.

단순히 시험 결과를 놓고 자녀를 칭찬하지 말자. 자꾸 결과만을 놓고 부모가 자녀에게 피드백을 하면 지금 당장은 느껴지지 않아도 쌓이고 쌓여 자녀의 성장 과정에도 악영향을 미친다. 자녀가 공부하는 과정 자체를 즐겨야 한다. 단순히 보상을 통해 자녀의 학습 동기를 높이는 부모도 있다. 사람의 욕심은 끝이 없다. 한번 보상을 하기 시작하면 수능시험을 치르는 그날까지 자녀에게 당근을 계속 주게 된다. 냉정히 생각하면 시험 결과에 따른 보상은 부모가 편하고자 이용하는 수단에 지나지 않는다. 결과와 상관없이 과정을 칭찬한다면 굳이 별도의 보상도 필요가 없다.

둘째, 자녀의 행동 자체를 칭찬하자.

세상 모든 칭찬이 마냥 좋은 것만은 아니다. 긍정적인 영향을 미치는 칭찬이 있는가 하면, 부정적인 영향을 미치는 칭찬도 있다. 예를 들어, 자녀가 도시락을 싸 오지 못한 친구와 나눠 먹었다고 치자. 철수 엄마는 자녀에게 이렇게 말했다. "우리 아들도 배 많이 고팠을 텐데 친구를 도와주려는 마음과 행동이 너무 예뻐!" 그리고 미애 엄마는 이렇게 칭찬을 했다. "우리 딸은 역시 어릴 때부터 착했어!" 둘 다 칭찬이다. 좋은 뜻으로 부모가 말을 했다. 하지만 둘의 칭찬은 다른 결과를 가져온다. 철수 엄마는 철수가 친구를 도와주는 과정 속에서 철수의 행동을 칭찬했다. 반면에 미애 엄마는 딸의 타고난 성격을 결과적으로 칭찬했다. 이후에 더 어려운 상황에 처한 사람에게 도움을 줘야 하는 상황에서 어떤 칭찬을 받은 자녀가 진심으로 손을 내밀까? 어려운 친구를 도와준 행동을 엄마에게 칭찬받은 철수이다. 타고난 성격을 칭찬받은 미애는 본인이 원하지 않아도 본인은 착해야만 한다는 생각 때문에 어쩔 수 없이 진심 없는 착한 행동을 할 확률이 있다. 반면, 본인의 착한 행동 자체를 칭찬받은 철수는 추후에도 진심을 다해 선의의 손길을 내민다.

여기서 또 하나 생각할 점은 너무 오버해서 칭찬하지 말자. "우리 철수는 언제나 엄마 말을 들어주는구나.", "우리 철수는 항상 너무나 착하지."라는 표현도 삼가자. 언뜻 보면 왜 이게 나쁜 표현이냐고 생각할 수 있지만 사람이 24시간, 365일 착할 이유는 없다. 자녀에게 부담감을 안겨 줄 수도 있으며 자녀 스스로 언제나 칭찬을 받아야 한다는 강박관념을 갖게 만드는 역할을 한다. 지금 이 순간, 딱 그 행동에 대해서만 칭찬하자.

셋째, 모든 대화는 해피엔딩으로 하자.

대부분의 사람들은 마지막에 들은 말을 오래 기억한다. 연말 각종 시상식에서 연초에 히트한 드라마보다 연말에 인기를 모은 드라마의 주인공들이 상을 많이 받는 현상과 비슷한 이치다. 대화의 결론을 부정적으로 끝내면 아무리 그 앞에 좋은 말이 있었어도 기억에 남지 않는다. 이런 대화의 흐름이 지속되면 자녀는 머릿속에서 '엄마가 지금 이렇게 이야기해 봤자 결국에는 꾸중하겠지'라는 인식이 생길 수 있다. 이는 곧 대화의 단절로 이어진다.

잦은 칭찬은 아이를 건방지게 만든다는 생각을 갖고 있는 부모를 아직도 만날 수 있다. 이는 잘못된 생각이다. 잘한 점은 분명히 칭찬을 해줘야 이를 자양분으로 삼아 자녀는 긍정적인 성격의 소유자로 성장한다. 계속 말하지만 자녀에게 가장 큰 영향을 미치는 존재가 부모이다. 큰 영향을 받는 사람으로부터 칭찬을 듣고 싶어하는 마음은 자녀가 아니라 성인도 마찬가지다. 기왕이면 과장보다는 사장한테 칭찬을 받는 것이 좋지 않은가?

물론 자녀가 365일 칭찬받을 만한 행동만을 하진 않는다. 우리 자녀들은 아직 미성숙한 존재다. 그래서 부모의 눈에는 칭찬할 만한 요소보다 보완해 주어야 하고 부족해 보이는 부분이 먼저 눈에 들어오는 것도 사실이다. 여기서 또 갈림길에 선다. 장점을 많이 칭찬해 주는 부모가 될 것인가? 지적을 통해 단점을 바꾸게 만드는 부모가 될 것인가? 부모의 선택이지만 확실하게 말할 수 있는 부분은 단점 때문에 자녀의 장점까지 놓치는 우를 범하지는 말자. 칭찬은 자녀를 건방지게 만드는 도구가 아니라 자존감을 높여 주는 도구다.

새 학년을 두려워하지 말자

의외로 많은 학생들이 새 학년 증후군에 시달린다. 개학을 했지만 신체 리듬은 방학을 유지하고 있는 것이다. 새 출발의 기분으로 맞이해야 할 새 학기가 몸과 마음이 자유로웠던 방학을 끝내고 다시 정해진 규율 속에서 살아야 한다는 생각 때문에 부담으로 다가온다. 마치 직장을 다니는 부모들이 일요일 밤에 개그 프로그램을 보면서 얼굴은 웃고 있지만 본인도 모르게 한숨을 쉬는 것과 비슷한 이치다.

새 학년은 새싹이 돋아나는 봄에 시작한다. 날씨도 얼마나 좋은가? 날씨처럼 기대와 희망으로 우리 자녀가 새 학년을 시작하길 부모의 입장에서 바랄 것이다. 하지만 이런 기분을 자녀 스스로 만들기에는 아직 역부족이다. 만들 수 있도록 옆에서 부모가 도와주자. 시작이 반이다. 3월을 어떻게 보내느냐가 1년을 좌지우지 할 수 있다.

개학을 하고 '초반 2주'가 중요하다. 이유는 2주 안에 공부 리듬이 방학 패턴에서 벗어나지 못한다면 시간이 지날수록 이미 방학 패턴에서 벗어난 아이들과 격차가 점점 벌어지기 때문이다. 자신의 목표와 현실의 거리가 멀어지면 시간이 지날수록 따라잡는데 한계에 부딪힌다. 그렇기 때문에 개학 후 2주 안에 자녀가 할 일을 명확하게 인지하고 그를 지키기 위해 노력하는 자세를 갖춰야 한다. 늦어도 2월 중순 안에는 새 학기에 대한 계획을 완성하자. 신체 리듬을 바꾸는 과정은 한순간에 이루어질 수 없기 때문에 2주 정도의 준비 시간은 필요하다.

새 학년의 환경에 가장 어려움을 겪는 학생들은 초등학교를 졸업한 중학교 1학년이다. 초등학교와 중학교는 학교 수업 방식부터 차이가 있다. 담임 선생님이 대부분의 과목을 가르치는 초등학교와는 달리 중학교는 과목별 선생님이 따로 있다. 수업 시간도 초등학교 때의 40분에서 45분으로 늘어난다. 정기적으로 지필고사도 보고 시험 성적이 나와 자녀의 객관적인 학업 성취도를 확인할 수 있다. 본격적인 수행평가도 시작되어 우리 부모의 학창 시절처럼 중간고사, 기말고사만 잘 보면 되는 것이 아니라 평소 수업 시간도 본인의 성적에 반영된다. 또한, 1년에 15시간(1학년은 18시간)의 봉사 활동도 의무적으로 해야 한다. 이와 같이, 변화된 환경에 적응하기 위해서는 아래와 같이 구체적인 대비와 계획이 필요하다.

첫째, 자녀와 변화된 환경에 대한 대화를 하자.

'이번 진단 평가 성적은 어때?' vs '이번 진단 평가 끝나면 먹고 싶은 건 없었어?'

과연 자녀는 위의 두 문장 중에 어떤 문장을 선호할까? 무작정 자녀에게 공부와 성적 이야기를 하지 말자. 새 학기부터 공부라는 주제로 자녀와 이야기하는 자체가 자녀로서는 스트레스다. 변화된 환경에 힘든 점은 없는지 살펴보는 대화부터 하자. 특히, 평소에 대화가 많지 않았다면 공부 관련 이야기를 자연스럽게 하는 부분은 쉽지 않으므로 평소에 최대한 대화를 자주하는 것이 중요하다. 자녀의 입장에서 억지로 대화를 해야 하는 기분이 들지 않게끔 만들자. '새로운 담임 선생님은 마음에 드는지? 새로운 짝꿍의 이름은 무엇인지?' 학교 생활과 관련된 대화로 시작하자. 대화를 강요하지 말고 자녀가 부담을 갖고 답변할 필요가 없는 질문을 하자. 새로운 학년에 올라간 자녀는 지금 선생님과 친구들이 모두 낯설다. 아직은 어색한 환경에 적응하기 위해서 자기 편이 필요하다. 이럴수록 엄마가 자녀가 집에 오면 편안함을 느낄 수 있게 해주고 새로운 환경에 자녀가 잘 적응하고 있는지 관심을 가져주면 자녀와의 친밀도는 높아질 수밖에 없다.

둘째, 지나친 사교육으로 인해 친구 사귈 기회를 빼앗지 말자.

청소년기에 친구는 자녀의 성장에 큰 영향을 준다. 주변 사람들과 이야기하고 생각을 공유하면서 내 자녀는 성숙해진다. 과도한 사교육으로 인해 자녀가 친구와 어울릴 수 있는 시간을 갖지 못한다면 너무나 소중한 추억을 잃게 된다. 물론, 학교 쉬는 시간에 알아서 친구를 만들어야 하는 것 아니냐고 반문할 수도 있다. 하지만, 생각해 보자. 회사에서만 만난 동료와 업무가 끝나고 밥도 먹고 차도 함께 마신 동료 중에 누구와 먼저 친해질 수 있을까?

자녀의 생각에 공감해 주고 응원해 주는 또래 친구들이 있다는 사실은 내 자녀의 인생에서 중요한 일이다. 친구의 장점을 배울 수도 있으며 공부 잘하는 친구를 보며 자극을 느낄 수도 있다. 학교에 친구가 있다는 사실은 학교를 가고 싶게 만들고 즐거운 학교 생활은 성적 향상에도 분명 긍정적인 영향을 미친다. 당연히 공부가 학생의 본분이다. 하지만 학생 시절에만 누릴 수 있는 친구와의 시간까지 빼앗는 부모가 되진 말자.

셋째, 자녀의 학습 상황을 파악하려고 노력하자.

자녀의 학습 수준은 어떤 단계라고 객관적으로 말할 수 있는가? 학원 숙제 체크는 많이 해도 자녀의 현재 학습 환경은 체크하지 않는 부모가 생각보다 많다. 단순히 중간고사 한 번의 성적을 보고 아이의 학습 상태를 파악하거나, 학원을 열심히 다니고 있으면 자녀가 집중해서 공부하고 있다고 단정짓지 말자. 최소한 내 자녀가 잘하는 과목과 잘하지 못하는 과목 정도는 파악해 두자. 그래야만 학원 또는 인강 등의 사교육을 선택할 때, 부모로서 도움을 줄 수 있다. 자녀가 집중을 해서 책상 앞에 앉아 있는지, 공부를 하면서 부족함을 느끼는 부분은 없는지 살펴보고 어떤 공부 채널로 부족한 점을 보완할지 이야기도 나눠 보자.

중학교 1학년에 입학한 자녀는 초등학교 때보다 많아진 학습량과 달라진 과목의 학습 방법 때문에 어떤 과목을 어디서부터 몇 시간 동안 공부를 해야 하는지 감을 잡지 못할 수 있다. 자녀가 알아서 척척 계획을 짠다면 문제가 없지만 어려움을 겪는다면 부모가 옆에서 기초적인 학습 계획을 짜는 과정을 함께 해주자. 학기 초에 이를 위해 노력하면 한 학기를 순조롭게 보낼 수 있다.

위의 3가지 주요 내용을 바탕으로 부모가 옆에서 조금만 더 신경을 써준다면 자녀가 새 학년에 적응하는 시간을 단축시킬 수 있다. 새 학년은 긴 방학 후에 맞이하기 때문에 마음이 많이 들떠 있을 수밖에 없다. 미리미리 준비하여 자녀가 '새 학년 증후군'을 겪지 않도록 옆에서 힘을 주자.

사교육보다 중요한 '사고력'

사교육 업계에 몸담고 있다 보면 대한민국 교육 정책의 변화에 따라 업계의 비전과 목표도 달라지기 때문에 교육부의 교육 정책 발표에 민감할 수밖에 없다. 요즘 뚜렷하게 보이는 변화는 단순히 객관식 문제를 많이 맞히는 능력은 점점 의미가 없어지고 토론 및 발표를 통해 사고력을 확장시키는 학생 중심의 수업이 확대되고 있는 부분이다. 자유학기제와 마찬가지로 우리 부모 세대들은 이런 방식의 수업을 학교에서 접하지 않았기 때문에 구체적인 사항을 알기 힘들다.

이제 입시에서도 '사고력'을 강조한다. 사고력은 이치에 맞게 생각하고 판단하는 힘이다. 똑같은 문제가 발생했을 때, 사고력이 낮은 사람은 본인의 마음대로 해결책을 만들어 대응하지만 사고력이 높은 사람은 문제에 대한 분석을 통해 해결 방법을 모색한다. 이를 통해, 문제를 해결하는 시간을 단축시키고 잘못된 선택을 할 확률도 줄인다.

사고력은 누구나 갖고 태어난다. 후천적으로 없는 것을 만드는 과정이 아니다. 단, 사용하지 않으면 퇴화한다. 우리 신체의 힘인 근육을 사용하지 않으면 노쇠하듯, 생각하는 힘인 사고력 역시 사용하지 않으면 발전하지 않는다. 사고력을 키우려면 '책 많이 읽으면 되는 거 아냐?'라고 단순하게 치부하는 경향이 있다. 하지만 앞으로 사고력의 중요성은 점점 커진다. 당장 2018년 초·중·고 소프트웨어 교육 의무화도 결론적으로 학생들의 사고력을 고취시킨다는 목적이다.

그렇다면, 사고력은 어떻게 발전시킬 수 있을까? 일반적으로 수학 공부와 독서를 많이 추천하는데, 또 한 가지 좋은 방법은 '토론'이다. 토론은 단순히 본인의 의견을 조리 있게 피력하고 본인의 능력을 어필하는 것이 아닌 토론에 참여한 사람들과 의견을 주고받고 타인을 설득하는 과정이다. 이 과정을 통해 나의 생각을 명확하게 말하는 법을 배우고 상대방의 의견을 경청하는 능력도 길러진다. 토론의 장점은 준비하는 단계부터 토론 후 마무리 정리 단계까지 모두 자녀의 사고력 증진에 도움이 된다는 점이다. 한번, 자녀와 함께 토론하는 시간을 가져보자. 어떻게 해야 할지 막막하다면 아래의 과정을 살펴보자.

토론의 첫 번째 단계는 주제 설정이다. 처음부터 어려운 주제는 알맞지 않다. 중요한 점은 자녀가 토론 연습에 재미를 느끼고 참여를 하게끔 만들어야 하는 부분이다. 자녀와 우리나라 경제에 대해 이야기하고 싶은 욕심은 버리고 최근에 관람한 영화나 자녀가 좋아하는 연예인과 같은 가벼운 주제를 선정하자.

주제가 정해졌다면 토론에 임하기 위해 필요 자료를 준비해야 한다. 갑자기 방대한 자료를 찾는 과정은 쉽지 않으므로 토론 주제가 정해졌으면 평소에 관련 내용을 스크랩하는 습관을 갖자. 자료는 필요 없을 때는 맨날 눈에 보이다가 막상 찾으려면 없는 법이다. 요즘은 휴대전화로 관련 내용을 쉽게 저장할 수 있지만 가장 좋은 자료는 신문이나 잡지에 실린 토론 주제와 관련된 '사설'이다. 전문가의 견해가 담긴 글이기 때문에 나의 생각과 비교해 볼 수도 있고 객관적인 데이터 및 수치가 들어간 내용이 있는 경우도 많다. 자녀가 토론에서 즉시 사용할 수 있는 요소들이 담겨져 있다.

자료 수집이 끝나면 토론하는 과정에서 사용할 수 있게 편집하는 연습을 하자. 실제로 토론에서 본인이 준비한 자료를 다 사용하지 못하고 상대방의 질문 세례에 흐름을 빼앗기는 경우가 있다. 이는 본인이 준비한 자료를 언제, 어떻게 사용할지 명확하게 정하지 못했기 때문이다. 아무리 좋은 자료라도 사용하지 못하면 무용지물이며 데이터 그대로 사용하기도 쉽지 않다. 방대한 자료를 토론 현장에서 찾아가며 사용하는 것은 불가능하다. 상대방이 내가 자료를 찾는 시간을 기다려 줄까? 어떠한 자료를 준비했다면 이 자료를 사용할 시기를 정하자.

예를 들어, 주제가 '연예인의 음주운전, 이대로 좋은가?'이다. 이를 준비하기 위해, '최근 5년간 연예인의 음주운전 사건 발생 수'를 조사했다고 치자. 명확한 데이터를 볼 수 있는 이 자료를 언제 사용할 것인가? 상대방이 관련 이야기를 할 때? 아니면, 구체적인 수치가 있느냐고 반박했을 때? 그러나 그러한 상황이 발생되지 않으면 자료를 사용할 수가 없다. 그래서 내가 언제 사용할지 먼저 결정해야 한다. '내가 첫 번째 발언할 때, 두 번째 근거 사항으로', '음주운전 연예인의 자숙 기간 이야기를 내가 먼저 꺼내면서' 식으로 내가 주체가 되어 자료 사용 시기를 정하도록 하자.

최종 단계에서는 자료를 요약하자. 그 요약한 내용이 내가 바로 토론에서 즉시 말할 수 있는 무기가 된다. 토론에서 자료 그대로를 보고 읽을 수는 없으므로 머릿속에 정리가 되어 있어야 한다. 이를 위해 하고 싶은 말이 100줄이라면 그래서 결국 무엇을 말해야 하는지 5줄로 압축하는 연습을 하자. 자녀가 이해하지 못하는 자료는 없는 자료만도 못하다. 자녀가 요약하는 과정을 통해 자료에 대한 스스로의 해석을 준비하고 있어야 한다. 이해가 바탕이 되어야 자료를 사용할 수 있는 타이밍도 잡을 수 있다. 대부분 읽기만 하면 이해를 했다고 생각하나 타인에게 막상 질문을 받으면 답변하기 쉽지 않다. 이를 위해, 부족한 부분을 파악할 수 있도록 부모가 사전에 관련 질문을 하는 형식도 도움이 된다.

자녀가 요약하는 과정을 어려워 할 수 있다. 적은 양을 늘리는 것보다 많은 양을 줄이는 것이 더 어렵기 마련이다. 이럴 때는 구조화되어 있는 정리 양식을 만들어 내용을 요약하자. 주제, 핵심 이슈, 키워드로 요약할 수 있는 양식을 만들어 실전 토론을 준비하면 된다.

토론이 끝난 후에는 서로의 생각을 이야기해 보는 시간을 갖자. 단순히 구두로 정리할 수도 있지만 토론의 결과를 직접 글로 써 보는 것도 자신의 생각을 체계적으로 정리하는 데 도움이 된다. 최종적으로 서로의 의견에 대한 긍정적인 피드백을 나누자. 토론은 서로의 의견이 다를 뿐이지 상대방의 의견이 무조건 틀린 것은 아니기 때문이다.

이렇게 토론이 끝나면 꼭 드는 생각이 있다. 지금보다 토론 실력을 더 늘릴 수 있는 방법은 없을까? 가장 쉬운 방법은 평소에 '본인의 생각을 글로 적는 습관'이다. 심지어 글을 잘 쓰면 쓴 내용을 암기해서 읽어도 말을 잘하는 것처럼 보일 수 있다. 글쓰기는 사고력 증진에 도움을 주며 꾸준히 글을 쓰면 본인의 생각을 서술하는 능력도 증진된다.

글을 잘 쓰기 위한 최고의 방법은 '매일 쓰기'다. 그런 의미에서 일기는 나도 모르는 사이 글쓰기 능력을 높여 주는 역할을 한다. 물론 내용을 꿰

뚫는 명쾌한 단어 사용과 논리적인 문단 구성이 힘있는 글을 만들지만 이러한 능력이 있어도 안 쓰면 소용없다. 우선 써야 한다. 그렇다고 당장 지금 자녀에게 논술을 해보라고 시키면 막막함만 줄 뿐이다. 우선, 책을 읽는 단계부터 시작하자. 분야는 중요하지 않다. 인문학, 사회학, 소설 등 여러 분야의 글을 자주 접할수록 폭넓은 배경 지식을 갖고 논술을 할 수 있는 원동력이 된다.

특히, 신문의 사설과 칼럼을 꾸준히 읽는 습관은 매우 유용하다. 토론 자체가 결국 본인만의 칼럼을 말로 이야기하는 것이기 때문이다. 단순히 전문가가 쓴 칼럼이니깐 무조건 좋은 내용일 것이라 생각하지 말고 공감이 되지 않는 부분에 대해서는 비평하는 내용도 자녀가 노트에 담아 보도록 지도하자. 평소에 사회 이슈나 뉴스에 대해 본인만의 생각을 갖고 있다면 글의 주제를 살려 명료하게 글을 쓰는 데 도움이 된다.

예체능 실력은 선천적인 부분이 중요할지 몰라도 사고력 증진은 부모가 도움을 줄 수 있는 부분이라는 점을 잊지 말자.

새 학년, 첫 번째 시험에 올인하자

자녀의 1학기 첫 번째 시험의 성적은 중요한 의미를 지닌다. 프로야구 한국 시리즈에서 첫 번째 게임을 이긴 팀이 우승을 차지할 확률이 75%인 것처럼 첫 번째 시험의 성적이 1년의 성적을 좌우할 가능성이 높으며 시험의 성적이 좋지 않으면 사기가 떨어져 두 번째 시험을 포기하는 현상이 나타나기도 하기 때문이다.

고입을 위한 시험을 별도로 보던 시절에는 학교 내신 성적과 고입 시험을 따로 분리해서 보는 경향이 있었다. 실제로 고입 선발 고사 시절에는 그 이야기가 틀린 말이 아니기도 했다. 하지만 이제 학교 시험 성적 관리가 명문고를 가는 첫 번째 조건이 됐다. 첫 번째 시험부터 제대로 잡아야 한다. 자녀가 첫 번째 시험을 성공적으로 치르기 위해 옆에서 부모가 도와 줄 역할을 살펴보자.

첫째, 자녀에게 스트레스를 주지 말자.

대부분의 부모들이 본인들의 자녀가 1학기 중간고사를 잘 볼 것이라는 생각을 갖고 있다. 겨울 방학 동안 열심히 공부하는 자녀의 모습을 봤기 때문이다. 하지만 문제는 옆집의 자녀도 비슷하게 열심히 공부했다는 점이다. 성적은 상대평가다. 겨울 방학 동안 열심히 준비한 공부의 결실을 처음으로 맺는 첫 시험을 앞두고 내 친구보다 시험에서 좋은 성적을 받아야 하는 자녀의 스트레스는 심해진다. 자녀가 부모의 무리한 기대로 인해 스트레스를 받지 않게끔 도와줄 필요가 있다.

한국보건사회연구원이 발표한 '세계 청소년 학업 스트레스 지수'(2013년도 기준)에서 대한민국이 당당히 1위를 차지했다. 안 그래도 스트레스를 받는데, 시험 압박감에서 벗어날 수 있도록 자녀에게 자신감을 주자. 스스로에게 자신감이 있는 자녀는 본인이 노력하는 만큼 좋은 성적을 받을 수 있다는 믿음이 있어 스트레스를 덜 받는다. 자신감이 없어지면 '지금 내가 공부한다고 성적이 오르겠어?'라고 스스로에게 부정적인 인식을 갖게 된다.

지금 반에서 30등인데 겨울 방학 동안 공부를 열심히 했다는 이유만으로 첫 시험에서 1등이 되길 바라는 것은 부모의 욕심이다. 현실적인 부분을 고려하면서 자녀가 스트레스 없이 목표를 달성할 수 있도록 하자. 단, 너무 많은 참견은 하지 말자. 공부를 잘하고 있다가도 엄마가 방문을 열고 "공부 열심히 해!"라고 한 마디만 해도 공부하기 싫은 마음이 생기는 것이 자녀들 마음이다. 불필요한 참견과 꾸지람은 넣어 두자. 자녀에게 도움을 주고 싶다면 단순히 지나가면서 감시하듯이 "공부 열심히 하고 있니?"라고 물어보는 것보다 "계획대로 공부하는 데 어려움은 없어? 어려움이 있으면 엄마랑 언제든지 상의해도 좋아." 식의 엄마가 나를 응원해 주고 있다는 느낌을 주자.

둘째, 자녀의 계획표를 몰래 점검하자.

새 학기가 되면 처음 배우는 내용과 증가한 학습량으로 인해 대부분의 학생들이 힘들어 한다. 학교 내신 시험은 명확하다. 교과서에서 문제가 나온다. 교과서를 통째로 암기하면 100점이 가능하지만 현실적으로 불가능하다. 체계적인 계획 없이 무작정 공부하는 방식은 좋은 성적을 받기 어렵다. 이를 이겨 내기 위해 시험 계획이 필요하다. 요즘은 학교별로 모바일 어플을 생성한 곳도 있고 학교 홈페이지 등을 통해서 자녀의 시험 일정과 시험 과목 등을 부모들도 충분히 체크할 수 있다. 자녀에게 직접 물어보지 않아도 부모 스스로 파악이 가능하다. 본인의 시험 일정을 제대로 파악하지 않는 학생들도 많다. 옆에서 지켜보면서 잘못 알고 있는 부분이 있다면 바로잡아 주고 자녀가 좋아하는 과목만 편식해서 공부하지 않는지 옆에서 지도해 주자.

가끔 욕심쟁이 부모 중에 자녀의 학습 계획표를 스스로 만드는 분들도 있다. 그러다 자녀가 공부를 포기할 수도 있다. 계획은 자녀 스스로 현실적인 환경을 바탕으로 공부할 수 있는 시간 안에서 구성하는 편이 가장 바람직하다.

셋째, 자녀가 계획을 지킬 수 있도록 도와주자.

부모의 가장 중요한 역할은 자녀가 '계획을 지킬 수 있는 환경'을 만들어 주는 것이다. 자녀의 시험 준비 기간은 부모도 같이 시험 준비 기간이라 생각하면 실질적으로 도움을 주기 수월하다. 예를 들어, 자녀가 시험 기간이 임박했는데 TV를 보고 있다면 부모가 화를 낼 가능성이 크다. 그렇다면 똑같이 부모도 TV를 보지 말자. 잔소리 하기 전에 부모가 먼저 실천하자. 집중력 방해 요소를 부모가 만들지 않는 것이다. 시험 기간은 우리의 자녀도 여느 때보다 공부를 하려는 의지가 높아진다. 부모가 몸소 먼저 실천하면 본인도 시험 기간 며칠간은 자제할 수 있는 능력이 있다.

넷째, 공부보다 건강이 우선이다.

계획을 지키기 위한 첫 번째 조건은 '건강'이다. 계속 책상 앞에 앉아 있으면 누구나 졸리고 체력도 약해진다. 학교도 쉬는 시간이 있지 않은가? 1시간을 공부했으면 10분을 쉬면서 컨디션을 유지할 수 있도록 하자. 시험을 보는 기간에 실제로 밤을 새며 벼락치기를 하는 학생들이 많다. 하지만 우리나라 축구 국가대표팀도 월드컵 개최 전에 평가전을 하지, 월드컵 기간 동안은 체력 안배를 하며 본 게임에만 집중한다. 오버페이스로 공부하고 싶다면 시험 기간 전에 끝내야 한다. 시험 기간에 중요한 부분은 지식 습득이 아니라 컨디션 조절이다. 시험 기간만큼은 자녀의 생활 사이클이 무너지지 않고 최고의 신체 리듬을 유지할 수 있게끔 옆에서 보조해 주자.

상위권은 '실수'에서 결정된다

시험이 다 끝나고 나면 우리의 자녀들이 항상 하는 말이 있다. '아는 내용인데 실수로 틀렸다.' 집에서 문제를 풀 때는 분명 좋은 점수가 나오는데 실제 시험에서 실수로 문제를 틀린다. 그런데 안타깝게도 이 실수가 꽤 많다. 따지다 보니 틀린 문제가 거의 다 실수라고 한다. '실수'는 누구나 언제든지 할 수 있다. 중요한 점은 같은 실수를 반복하면 안 된다는 점이다. 자녀가 같은 실수를 반복한다면 공부를 하는 과정에서 본인이 깨닫고 있지 못하는 잘못된 부분이 있을 가능성이 있다. 대부분의 자녀들이 집에서 혼자 공부를 할 때, 오랜 시간 문제를 많이 풀면 공부를 열심히 했다고 착각하고 공부한 시간만큼 본인이 지식을 습득했다고 생각한다. 실제로 시험을 준비하는 공부를 해야 하는데, 공부를 했다는 자체에 만족감을 느끼는 묘한 현상이 일어나는 것이다. 이는 공부를 하면서 틀린 문제도 너그럽게 포용하는 현상을 불러 온다. 그리고는 막상 시험을 보면 또 틀린다. 이를 미연에 방지하기 위해 본인이 반복적으로 실수하거나 틀리는 문제는 발견해서 보완책을 찾아야 한다. 이를 위한 구체적인 방안을 살펴보자.

첫째, 문제풀이 전에 해설을 보지 말자.

정말 신기하게 똑같은 범위를 자녀가 집에서 문제를 풀면 100점인데 실제 시험의 점수는 50점이다. 그렇다면 자녀가 혹시 평소 문제를 풀 때, 모르는 문제가 나오면 바로 해설을 보는 것은 아닌지 살펴보자. 해설을 보는 습관은 문제에 대한 개념 정리가 되지 않은 상태임에도 본인이 문제를 풀 수 있다고 착각하게 만든다. 이러한 착각은 복습조차 하지 않게 만들기 때문에 실제 시험 문제로 출제되면 공부한 기억은 나지만 답을 맞힐 수 없는 상황이 된다. 본인이 직접 고민한 문제가 아니기 때문이다.

해설을 보는 습관을 고치기 위해서는 모르는 문제는 그냥 틀려도 된다. 해설을 보고 와서 다시 문제를 풀지 말고 모든 문제를 풀고 채점을 한 후에 모르는 문제는 오답 노트에 작성하여 해설을 읽고 관련 개념을 공부하자. 어려운 문제를 만났다고 즉시 답을 보는 행위 자체를 고쳐야 시간은 좀 걸릴 수 있지만 스스로 공부하는 과정을 통해 어려운 문제에 접근하는 법을 배울 수 있다.

둘째, 문제를 끝까지 읽자.

정답이 2개라고 문제에서 말했는데 자신 있게 보기 1번만 보고 1개의 답을 쓰는 경우가 있다. 그리고는 실수라고 억울해한다. 분명 '본문 내용과 다른 것'을 찾는 문제인데 '본문 내용과 동일한 보기'를 당당히 고른다. 집중해서 문제를 끝까지 읽지 않기 때문에 벌어지는 현상이다.

우선 문제를 읽는 연습이 필요하다. 본인이 집중해서 문제를 읽고 최대한 문제와 똑같이 단어 하나 바꾸지 않고 노트에 다시 한 번 적는 연습을 하자. 시간 낭비라고 생각하지 말자. 본인이 문제를 제대로 파악했는지 확실히 확인할 수 있는 방법이다. 연습을 통해 문제를 자기 마음대로 해석하는 확률을 줄여야 한다.

문제를 끝까지 읽지 않는 습관은 아이러니하게 평소 공부를 열심히 하는 자녀가 갖고 있는 경우가 있다. 평소에 많은 문제를 접했기 때문에 시험 문제가 평소에 풀었던 문제와 유사한 경우를 발견하고, 바로 보기 읽기로 내려간다. 하지만 내가 공부했던 문제는 마지막이 '틀린 것을 고르시오'이고 실제 시험 문제는 '맞는 것을 고르시오'이다. 문제는 계속 바뀌어서 나오므로 끝까지 읽어야 한다. 결국엔 문제의 마지막 세 단어가 무엇을 해야 할지 알려 준다. 절대로 자기 자신을 믿지 마라. 문제는 끝까지 읽어야 한다.

셋째, 보기도 정확하게 읽자.

문제만 정확하게 읽는 것은 소용이 없다. 아무리 본인이 아는 문제라고 할지라도 기존에 풀었던 문제의 보기와 다를 수 있다. 보기를 대충 읽고 비슷한 정답을 고르는 습관은 실제 시험에서 실수로 이어진다. 평소에 문제를 통해 알아야 할 중요한 개념을 알아 두자. 그냥 정답만 어설프게 맞히고 넘어간다면 비슷한 보기가 나오면 틀릴 가능성이 커진다. 처음부터 시간에 맞춰 문제를 빠르게 푸는 연습을 하는 자녀는 비슷한 뉘앙스의 보기가 2개 나왔을 때, 초조해지게 된다. 정해진 시간 안에 문제를 풀어야 하는 강박 관념 때문이다. 많은 문제를 풀어 보는 것도 물론 중요하지만 한 문제를 풀더라도 정확하게 풀어야 헷갈리는 보기가 나왔을 때, 문제에서 요구하는 사항을 명확하게 파악할 수 있다.

본인이 생각하는 정답이 중간에 나오면 보기를 아예 끝까지 읽지 않는 자녀도 있다. 본인이 공부한 보람이 나타난다며 다음 문제로 넘어가고, 시험이 끝나고 채점을 하면서 대표적으로 실수한 문제라며 아쉬워한다. 이런 경우는 정답이 보기 5번이면 문제를 틀릴 확률이 자연스럽게 올라간다. 아무리 확신이 섰다고 하더라도 보기는 전부 읽어 봐야 한다. '현존하는 축구선수 중 가장 축구를 잘하는 선수는 누구인가요?'라는 질문에 보기 3번에 호날두가 나와서 정답을 체크했는데 보기 5번에 메시가 나왔을 수도 있다. 누가 정답일지는 몰라도 최소한 5번 메시까지 봤다면 호날두까지만 봤을 때보다 고민을 하게 될 것이다.

넷째, 찍어서 맞힌 문제의 함정에 빠지지 말자.

내용을 모르면서 운 좋게 맞혀서 오답 노트에 정리하지 않는다. 그 다음에 똑같은 문제를 만난다면? 오답 노트는 틀린 문제가 아니라 모르는 문제에 대해서 정리하고 다시 한 번 점검할 수 있게끔 활용해야 한다. 보기 2개 중에 고민하다가 맞힌 문제라고 해도 본인이 문제에서 요구하는 바를 정확하게 이해하지 못했다면 약간 변형해 출제되어도 틀릴 가능성이 높다. 찍어서 맞힌 문제를 알고 있다고 착각하지 않고 항상 되짚고 넘어갈 수 있게 오답 노트에 정리해야 한다. 상위권으로 도약하기 위해 가장 중요한 점은 '실수 줄이기'이다. 공부를 하지 않은 부분에서 나온 시험 문제는 어쩔 수 없이 틀릴 수 있어도 분명 공부를 한 부분에서 나온 내용의 시험 문제를 실수로 틀리는 부분은 버릇이 되면 고치기도 힘들어진다.

실수는 본인 스스로 파악하기 힘든 부분이 있다. 옆에서 부모가 자녀와 함께 객관적인 시선으로 같이 고민해 주면 점차 실수를 줄여 가며 상위권으로 도약할 수 있는 발판을 만들 수 있을 것이다.

대화가 공부를 이끈다

사교육을 통해 성적을 올리는 데 가장 중요한 부모의 역할은 무엇일까? 무슨 상관이 있냐고 생각할 수 있지만 필자는 '자녀와 대화하기'라 생각한다, 공부와 직접적인 상관이 없어 보이지만 지금 다니고 있는 학원이 마음에 드는지, 학교 수업을 들으면서 어려운 점은 없는지 등 자녀와 이야기하고 서로의 생각을 공유하는 과정이 자녀의 성적 향상에 도움을 준다.

우리 자녀들이 마냥 귀여웠을 때가 있다. 아마도 그때는 자녀들의 학교 성적을 걱정하지 않았을 시절일 것이다. 세상 모든 것을 다 주어도 아깝지 않은 내 자식이었는데 어느 순간부터 대화가 점점 줄어들고 심지어 남처럼 느껴질 때도 있다. 분명 같은 공간에 같이 있는데도 내 아이는 휴대전화를 보느라 정신이 없다. 무슨 말을 걸어도 돌아오는 대답은 단답형. 그런데 잘 생각해 보자. 혹시 우리 부모도 30년 전에 혹은 40년 전에 나의 부모에게 똑같이 하지는 않았나? 스마트폰이 없던 시절이라 오히려 방 안에서 나오지 않거나 친구와 숙제를 한다는 핑계로 아예 집에 늦게 들어가지 않았나 생각해 보자.

살면서 누구나 사춘기를 겪는다. 알면서도 막상 내 자녀가 사춘기라는 것을 알면 당황스럽다. 더군다나 그 시절이 열심히 공부해서 좋은 성적을 받아야 하는 시기와도 겹친다. 이 상황을 타개하기 위해 엄마가 먼저 말도 걸어 보고 더 신경을 써 주는데 이는 오히려 역효과를 불러와 싸움의 원인이 된다. 엄마는 '내가 이렇게 너한테 더 신경 쓰고 잘해 주는데 어떻게 나한테 이러니?'라는 마음을 갖고, 자녀는 '그냥 나 혼자 좀 내버려 둬요'라는 마음이 생긴다. 같은 상황을 이렇게 서로 반대로 생각하니 둘 사이의 간극을 좁히는 것이 쉽진 않다.

우리의 자녀는 급격하게 성장 중이다. 신체적인 성장뿐 아니라 정신적으로도 성숙해지고 있다. 똑같은 상황을 맞이하더라도 자녀의 1년 전의 반응과 올해의 반응은 다르다. 자녀는 빠르게 성장하는데 부모는 1년 전과 똑같이 자녀를 대하고 있다. 아니, 1년 전과 내 아이가 똑같기를 오히려 기대하고 있다. 그래서 점점 부모와 자식 간에 보이지 않는 벽이 생기기 시작한다.

자녀는 사춘기에 접어들며 자아가 강해진다. 이에 따라, 혼자 생각하고 결정하고 싶은 마음도 강해지는데 부모는 이를 받아들이지 못하고 초등학교 때와 똑같이 대한다. 이 간극을 어떻게 효과적으로 좁힐 수 있을까? 가장 쉬운 방법이 바로 '대화'다. 우리나라 속담들을 가만히 살펴보면 정말 틀린 말이 하나도 없다. '말 한 마디에 천냥 빚을 갚는다.' 말의 중요성을 짧고 간결하게 한 문장으로 잘 표현했다. 자녀와 대화를 하자. 지시와 조언이 아닌 대화 말이다.

대화를 약간 잘못 이해하는 부모들이 있다. 주고받는 것이 대화인데 일방적으로 이야기하는 것도 대화라고 착각하는 것이다. 테니스 경기에서

양쪽 선수들이 공을 주고받는다. 그 선수 중에 갑이 있고 을이 있을까? 평등하다. 평등하기 때문에 공정하게 게임을 진행할 수 있다. 대화를 주고받으려면 서로의 관계가 평등해야 한다. 물론 '내가 나이도 훨씬 더 많고 내 뱃속에서 나온 아이와 굳이 평등해야 하나?'라는 마음도 충분히 가질 수 있다. 그러나 반대로 자녀도 똑같은 생각을 가질 수 있다.

'세대 차이 나고 이야기가 제대로 통하지 않는 엄마와 내가 굳이 대화할 필요가 있나?'

세상을 살면서 많은 경우에 역지사지가 필요한데 자녀와의 관계에서만큼 중요한 경우는 없다. 자녀와의 대화를 지나치게 부모가 리드할 필요가 없다. 부모의 입장에서 당연히 자녀에게 조언해 주고 올바른 길로 나아가게끔 인도해 주고 싶은 마음은 이해하나 자칫 잘못하면 잔소리로 들릴 수도 있다. 청소년은 자아가 급진적으로 발달하는 시기라고 말했다. 다른 사람의 의견보다 자녀 본인의 의견이 중요해진다. 한쪽의 의견이 일방적으로 강한 이야기는 자녀에게 대화로 인식되지 않는다.

한번 생각해 보자. '나는 어제 자녀와 무슨 이야기를 하였는가?' 그리고 '그 이야기의 주제가 자녀가 관심을 갖는 분야인가? 아니면 부모인 내가 관심을 갖는 분야인가?' 부모와의 대화를 피하는 자녀를 이해하지 못할 수도 있지만 부모도 곰곰이 생각해 보자. 싫어하는 상사와 같이 점심 먹는 시간을 피한 적이 있지 않은가? 싫어하는 마음이 자리 잡으면 대화조차 하기 싫어진다. 평등한 입장에서 자녀의 인격을 존중해 주는 대화를 해야 한다. 이렇게 해도 사춘기의 자녀는 우리가 이해하지 못하는 이유로 대화를 하지 않으려 할 수도 있다.

내 자녀를 내 마음대로 할 수 있다는 생각은 버려야 한다. 우리 자녀들도 선택권을 갖고 부모를 택한 것은 아니지 않나? 자녀가 부모에게 순종할 의무는 없다. 자녀가 부모의 가치관을 그대로 따라야 하는 의무도 없다. 부모가 원하는 방향으로만 자식을 이끌려 하지 말자. 사교육도 마찬가지다. 부모가 억지로 시키면 그 효과는 절대 나타나지 않는다. 왜? 억지로 간 학원은 학원 가는 길에 PC방이 자녀에게 어서 들어오라고 손짓하기 때문이다.

정말 자녀의 인생에서 가장 중요한 부분이 좋은 성적을 받는 것인가? 인격이나 가족 간의 유대 관계 등이 성적보다 중요하지 않은가? 한번 생각해 볼 문제다. 부모와의 사이가 좋지 않은데 학교에서 좋은 성적을 받는 것은 쉽지 않다. 마음이 편치 않고 생각이 올바르지 않은데 올바르게 공부를 할 것이라 기대하지 말자. 열심히 공부하지 않는다고 해서 이를 반항이라고 생각해서 억압하지도 말자. 내 자녀가 신생아 때를 생각해 보자. 그때는 울음이 유일한 의사소통 수단이었다. 이 울음을 단 한번이라도 반항이라고 생각한 적이 있을까? 사춘기 시절의 반항은 신생아 시절의 울음과도 비슷하다. 자녀의 의사소통 수단이다. 다만 이 수단이 상대방에게 거칠게 다가가기 때문에 부모는 화가 나지만 어쩌면 자녀는 이렇게라도 부모와 소통하려 하는 것일 수도 있다. 받아들이자. 이 또한 지나가리라.

부담되지 않는 대화를 하자. 대화는 서로의 생각과 의견을 주고 받아야 한다. 너무 거창하거나 공통의 관심사가 아닌 주제의 대화를 하려고 하지 말자. 자녀가 지칠 수도 있다. 옆집 철수 엄마한테 들은 철수의 학습법을 자녀에게 아무리 설파해 봤자 이는 대화로 이어지지 않는다. 왜? 옆집 자녀의 학습법은 그냥 옆집 이야기일 뿐이다. 평소에 자녀가 관심 있는 분야와 자녀가 주체가 되는 대화를 해야 부모와 대화할 확률이라도 높아진다. 오늘 생활 속의 일상적인 대화가 가장 좋은 소재이다. 왜? 편하지 않은가? 그리고 공부와도 상관없지 않은가? 그리고 내 자녀의 친구 이름을 자연스럽게 들을 수 있고 오늘 하루 어땠는지 알 수 있지 않은가? 그냥 같은 집에 살고 있다고 해서 내 자녀가 어떻게 지내고 있는지 다 알고 있다고 단정짓지 말자. 초등학교 고학년만 되어도 자녀와 부모가 집에 같이 있는 시간은 하루 중에 극히 일부분이다. 자녀가 밖에서 무슨 일이 있었는지 대화하지 않으면 알 수 있는 방법이 없다.

부모의 입장에서 스스로 자녀와 대화를 많이 하고 있다고 단정짓지 말자. 자녀의 입장에서 내가 부모님과 대화를 스스럼없이 한다는 생각이 들어야 한다. 원래 군대에서도 가장 성격 이상한 병장이 내무반원들과 커뮤니케이션이 활발하다고 느끼는 법이다. 왜? 자기가 말을 제일 많이 하니깐. 자녀의 말을 경청하는 연습을 하자. 그리고 중간에 자르지 말자. 자녀의 이야기를 듣고 나서 그와 관련된 다음 이야기를 해도 늦지 않다.

자녀와 대화하는 방식은 어떠한가? 혹시 부모의 마음에 들지 않은 행동을 자녀가 했을 때, "왜 공부 안 하니? 그래서 대학에 갈 수 있겠니? 커서 뭐가 되려고 그러니?"라고 말을 하진 않나? 자녀가 본인의 행동을 돌이켜 볼 수 있는 여지도 주지 않은 채, 현 상황에 대한 비난만 하면 안 된다. 화가 나는 상황에서 감정을 추스르고 내용을 정리해서 말하기가 어렵다는 것은 누구나 알고 있다. 그래서 대화에도 노력이 필요하다.

특히, 자녀 행동의 잘못된 점을 지적하는 상황이라면 자녀가 본인의 행동에 대해 생각해 볼 수 있는 시간을 주며 대화를 이끌어야 한다. 자녀의 행동이 잘못됐다고 표현하지 말자. 누군가가 본인의 행동을 지적한다는 자체가 기분이 좋을 리 없다. 대신에 부모의 입장에서 이야기하자. 이는 부모의 생각과 감정을 솔직하게 자녀에게 전달하고 자녀는 이를 통해 다시 한 번 본인의 행동에 대해 생각해 볼 수 있게 만들어 준다. 예를 들면, 자녀가 시험 기간에 공부를 하고 있지 않다면 먼저 지금 벌어지는 상황에 대해 객관적으로 자녀에게 말을 건네자. "시험이 내일인데 공부하지 않고 있네?" 그 후에 부모의 입장에서 감정과 생각을 말하자. "평소면 몰라도 시험 기간이라 엄마가 좀 걱정된다." 그리고 부모의 요구 사항을 말하자. "급한 일 아니면 지금은 공부하는 게 네게 도움이 될 것 같아". 단순히 상대방의 행동에 대해서만 이야기하지 말고 현 상황에 대한 부모의 감정을 말하는 쪽으로 대화하는 연습을 하자. 한결 자녀와의 대화를 부드럽게 해주는 윤활유 역할을 할 수 있다.

자녀와의 대화 속에는 언제나 '공감'이 있어야 한다. 부모가 자녀에게 가장 많이 저지르는 실수가 대화 속에서 부모라는 입장 때문에 충고하고 어떤 해결을 내려주려 하는 것이다. 부부 간의 대화에서도 적용되는 부분인데, 아내가 남편에게 누군가에 대한 뒷담화를 한다. 이는 남편이 뒷담화에 대해 공정성을 갖고 시시비비를 가려 주기를 바라는 것인가, 아님 잠깐이라도 본인의 편을 들어주었으면 해서 말하는 것인가? 후자인 경우가 많다.

자녀와의 대화에서도 마찬가지다. 자녀가 항상 부모에게 답을 내려주길 바라는 것은 아니다. 그냥 대화 상대가 필요하고 이 사람이라면 나의 편이 되어 줄 것 같기 때문에 본인의 속마음을 털어놓을 때도 있다. 자녀가 친구와의 문제에 대해 부모에게 털어놓는데 여기서 부모가 "근데 너는 공부 안 하고 왜 걔랑 놀러 다니는 거야!"라고 말한다면 아마도 그 후로 최소 1년 동안은 자녀로부터 친구에 관한 이야기를 듣지 못하게 될 것이다. 여기서 필요한 답은 "그럼 우리 딸이 마음이 상했겠네? 친구 나쁘다."이다. 충고나 조언을 하고 싶다면 이야기를 진행하면서 천천히 해도 늦지 않다.

'엄마는 너의 편이야'라는 인식을 심어 줘야 한다. 누가 내 편이 아닌 남의 편한테 상의를 하고 이야기를 하겠나. 자녀가 부모에 대한 믿음을 갖고 있어야 대화가 가능해진다. 더 이상 내 품안의 자식이 아니다. 자녀를 배려하지 않고 부모의 생각만 이야기한다면 분명 자녀는 도망갈 것이다. 왜? 더 이상 누구한테 이끌림을 받는 것을 좋아하지 않을 만큼 나의 자녀는 성장했기 때문이다. 우선 공감해 주자. 그리고 부모의 생각을 말하자.

지금까지 어색하게 지냈던 자녀와 한순간에 다정한 사이로 변하는 것은 쉽지 않다. 노력이 필요하고 생각의 전환이 필요하다. 부모와 자녀의 관계는 수직 관계가 아니다. 수평한 관계라는 생각을 가져야 원활한 대화가 이어질 수 있다. 대개 부모들은 아이의 미래에 대해 걱정하고 조언한다. 그런데 대부분의 자녀들은 지금 잘하고 있다. 중학생만 되어도 부모가 생각하는 어린아이의 단계를 훌쩍 넘어선 지 오래고 자신의 생각이 뚜렷해지는 시기를 이미 겪었다.

부모가 자녀에게 바라는 점이 오직 공부만이 아니라는 것을 충분한 대화를 통해 알려 주자. 공부를 잘하면 당연히 좋지만 내 자녀가 공부가 아닌 다른 분야에서 재능을 보일 가능성도 있다. 그리고 자녀 역시 공부를 잘하면 좋다는 사실을 알고 있다. 자녀가 공부를 열심히 하지 않는다면 잔소리를 하기 전에 '왜 공부를 열심히 하지 않는지' 생각해 보는 시간을 먼저 갖도록 하자. 자녀는 부모가 본인을 충분히 존중하고 하나의 인격

체로 인정하고 있다는 사실을 깨닫게 되면 대화를 시작한다. 그래서 사춘기에 접어들면 부모보다 친구와 대화를 많이 하게 되는 것이다. 왜? 친구와 친구는 대등한 관계에서 대화를 이어가니까. 내 자녀의 좋은 성적보다 함께하는 시간이 우선이다.

사교육을 통해 어떻게 성적을 올릴 수 있을까? 분명한 점은 가족 관계나 가정 생활에 문제가 있는 상황에서 자녀는 공부에 온전히 집중하기 힘들다는 것이다. 그렇기 때문에 공부에 집중할 수 있는 환경을 부모가 만들어 주어야 하는데 이는 거창한 무언가보다 '대화'를 통해 형성할 수 있다. 우리 부모가 살던 시대와 지금의 생활 환경은 다르다. "엄마 아빠 시대에는 스마트폰 없어도 잘만 살았어!"라는 말을 하지 말자. 어차피 내 자녀가 부모 시절로 돌아가서 살 수는 없다. 부모가 자녀의 환경을 이해하고 자아를 존중하는 만큼 대화의 기회도 많아지고 내용은 깊어질 것이다. 자녀에게 조언하지 말고 대화하도록 하자.

넓고 길게 보는 마음

자녀를 고등학교에 입학시킨 엄마들이 자녀가 중학생 시절일 때 했던 행동 중에 가장 후회되는 부분은 무엇일까? 바로 자녀의 시험 성적표에 일희일비한 시간이다. 사실 중학교 성적은 대입과는 관련이 없다. 물론, 과학고에 진학하기 위해서 중학교 내신이 좋아야 함은 말할 필요가 없다. 하지만, 고등학교 입학 후엔 모두 제로베이스에서 다시 시작한다. 다시 0에서부터 경쟁하게 된다. 중학교 때, 공부를 잘한 자녀가 고등학교에서도 잘할 확률이 높지만, 그것은 확률일 뿐 고등학교 1학기가 시작하는 3월에는 축구 경기로 치면 지금 막 휘슬이 울린 상태다.

중학교와 고등학교는 다르다. 우선, 성적표부터 다르다. 중학교는 A~E등급으로 자녀의 성적을 확인할 수 있다. 성적표에는 중간고사, 기말고사, 수행평가 점수의 총합이 나타나므로 중간고사의 성적이 좋지 않아도 기말고사에서 어느 정도 만회할 수 있다. 수행평가도 무시할 수 없는 부분이다. 지필고사의 성적이 좋다고 수행평가를 세심하게 챙기지 못했다면 A를 받지 못하는 상황이 실제로 벌어진다.

위와 같았던 중학교 성적표가 고등학교에 가면서 변경된다. 우선 9등급제로 나뉘어진다. 과목별로 원점수와 과목 평균, 표준편차, 석차 등급, 수강자 수를 알아볼 수 있다. 등급이 세분화되면서 0.1점 차이도 무시 못하는 상황이 벌어진다. 고등학교는 과목 단위 수에 석차 등급을 곱하고 총 이수 단위로 나누기 때문에 학생부 종합 전형에서 국어, 영어, 수학은 단위 수가 높아 내신을 계산할 때, 절대적인 영향력을 행사한다.

이는 다시 이야기하면 중학교 때, '국·영·수'의 기본기를 확실히 다져야 정말 좋은 성적이 필요한 고등학교에 가서 유리해진다는 것이다. 당장 눈 앞에 보이는 시험 성적에 급급해 암기 과목에 시간을 많이 소비하는 경우가 있는데 고등학교에 가면 사실 소용없다. 국어, 영어, 수학이 중요하다. 목표가 '중학교 때 높은 등급'이 아니라 '명문대 진학'이라면 초점을 달리 해야 한다. 지금 당장의 성적이 아닌 고등학교 내신과 수능에 초점을 맞춰 공부하는 자세가 필요하다.

중학교에서도 학생들의 등급을 나눠야 하기 때문에 지필고사의 문제는 변별력이 필요하다. 그래서 암기가 부족했거나 수업 시간에 세부적인 내용을 필기하지 못했다면 틀릴 수 있는 문제가 출제된다. 하지만 이런 부분에 너무 신경을 쓰지 않아도 된다. 중요한 것은 국어, 영어, 수학의 기초 개념을 습득하고 각 과목에서 기본적인 역량을 쌓아 고등학교에 가서 진짜로 시험 문제를 풀 수 있는 능력을 배양하는 부분이다.

물론 쉽게 말할 수 있지만 행동으로는 어려운 부분이다. 내신은 기본 정도만 하고 국어, 영어, 수학에 집중하는 편이 가장 효과적이라고 아무리 말해도 지금 당장 눈앞의 점수를 무시할 수 있을 만큼 강심장은 많지 않다. 국·영·수를 제외한 다른 과목은 공부를 하지 말라는 이야기가 아니다. 모든 과목을 공부하지만 비중의 차이는 분명히 있어야 한다는 이야기다. 자녀가 갖고 오는 당장의 성적표가 아닌 대입에서 받을 최종 성적표를 위해 공부를 해야 한다.

중학교 역시, 학교별, 지역별로 수준의 편차가 분명히 존재한다. 그렇기 때문에 중간고사의 성적표의 등급보다 국·영·수의 기본 실력을 다지는 진짜 공부를 중학교 3년 동안 해야 한다.

내신 등급은 똑똑한 학생보다도 성실한 학생이 더 높게 받을 가능성이 있다. 수업 시간에 선생님이 알려 주는 내용이 그대로 학교 시험에 나오는 경우가 많기 때문이다. 그런데 이 '성실함'이 하루 아침에 만들어지지는 않는다. 수업 시간에 집중하는 습관은 매우 중요하다. 대신, 여기서 만족하고 멈추면 안 된다. 국·영·수가 아무리 항상 A등급이라 하더라도 딱 중학교 수준에서 멈추면 고등학교에서 고전할 가능성이 있다. 단순한 시험 성적이 아닌 진짜 실력을 기르는 부분에 초점을 맞추자. 단순 내신을 위한 공부가 아닌 어려운 문제에 계속 도전하고 생각하는 심화 학습을 진행해야 한다.

국·영·수가 중요한 것은 사실이지만 편협한 공부 방법은 흐름을 깨뜨린다. 대부분 전 과목에서 성적이 높은 학생이 국·영·수도 성적이 높은 이유가 바로 이것이다. 실수하지 말아야 하는 부분은, 수학 공부를 하느라 사회·과학 공부를 소홀히하는 것이다. 주요 과목과 내신 시험 공부는 균형 있게 해야 한다. 단, 중간고사의 역사 시험 성적이 좋지 않아서 역사에 올인하느라 주요 과목을 공부할 시간을 허비하지 말아야 한다. 결국 국·영·수의 심화 학습과 내신 공부의 균형을 맞춰 공부하는 방향을 찾아야 한다.

공부하는 방향은 스스로 찾아야 한다. 지금은 당장 학원에서 수학 문제를 많이 풀고 수업을 듣는 부분이 도움이 되겠지만 중학교 때는 고등학교 수학 문제를 풀 수 있도록 자신의 능력을 키우는 시간으로 만드는 부분이 더 중요하다. 세계적으로 대한민국의 수학 실력이 좋다. 하지만 앞에서도 말한 것과 같이 수포자 비율도 높다. 자기주도적으로 필요한 공부를 찾아서 하지 않고 학원에 대한 의존도가 높으면 고등학교에 올라가서 고전한다. 사교육을 통해 본인이 부족한 부분을 보충할 수는 있어도 부족한 부분을 찾아내는 역할까지 사교육이 하기에는 역부족이다. 자녀 스스로 부족한 부분을 찾는 연습부터 해야 한다. 그리고 부모는 이 시간을 낭비라고 생각하지 말고 기다려 줘야 한다. 학원에서 수동적으로 지식을 습득하면 능동적인 해결력이 떨어진다. 그래서 본인이 직접 학습 설계를 어떻게 해야 할지 모르는 상황이 발생한다. 이러한 과정이 지속되면 결국 '수포자'로 전락하는 것이다.

우리 부모들도 자녀가 틀린 문제를 학원에서 선생님이 고쳐 준다고 해서 마냥 좋아만 해서는 안 된다. 답을 알려 주고 오답 노트를 작성해 주는 학원보다 틀린 문제에 대한 개념을 같이 공부해 주는 학원이 결국에는 자녀의 성적을 올려준다. 문제에 대한 정답이 중요한 것이 아니다. 왜 틀렸는지 알아가는 과정이 중요하다.

시중에 떠도는 자녀 교육에 성공하기 위한 3대 요건이 있다. '할아버지의 재력, 엄마의 정보력, 아빠의 무관심'이다. 쓸쓸하지만 말도 안 되는 이야기라고 부정은 못하겠다. 집에 돈이 많으면 사교육을 받기에 당연히 유리할 것이고, 아빠가 너무 교육에 깊이 관여하면 자녀보다도 엄마와 마찰을 일으키는 경우를 많이 본 것은 사실이다. 그렇다면, 남은 것은 '엄마의 정보력'이다. 이 부분이 항상 이슈다. 엄마의 정보력은 어디서 나오는 것일까? 우선, 자녀의 같은 학급의 엄마를 통해서 듣는 정보가 1순위다. 예전에 '삐삐'를 사용하던 시절에는 실시간 대화가 쉽지 않았지만 이제는 마음만 먹으면 본인이 갖고 있는 정보를 순식간에 세상에 뿌릴 수 있다. 반에서 1등 하는 엄마가 알려 주는 정보는 너무나 꿀팁같이 느껴진다. 그냥 무시하고 넘기기가 쉽지 않다. 만약 그 정보에서 말하는 학습 방법과 지금 자녀가 공부하고 있는 방법에 다른 부분을 있다면, 바로 자녀가 학교에서 귀가하기만을 기다리고 있다는 것이다. 조언을 해주기 위해서다. 하지만 자녀가 이를 필요한 조언이라고 생각할 확률은 오늘 밖에서 너무나 행복하고 짜릿한 일들만 가득했으며 좋아하는 연예인의 사인까지 받았을 확률과도 비슷함에도 불구하고 엄마는 본인의 행동을 정당화한다.

정말 엄마의 조언은 자녀의 성적을 향상시킬까? 한국교육개발원이 2015년에 발표한 '중1 학생의 학업 성취 변화 요인 분석' 자료를 살펴보면 할아버지가 돈이 많으면 손주가 공부를 잘할 확률이 실제로 높은 것으로 나타났다. 더 정확하게 말하면 월 평균 가구 소득이 높고 부모의 사회적 지위가 높다면 자녀가 우등생일 가능성이 높다. 하지만 '부모의 학업적 지원', 즉 학교 숙제를 도와주고 진로 정보를 챙기는 등의 행동을 보이는 부모의 자녀는 되레 국어 과목 같은 경우는 점수가 하락했으며 영어와 수학 또한 점수 상승폭이 미비했다. 곧, '엄마의 자녀 학습 관여도'가 실제로 자녀의 성적 향상으로 이어지지 않음을 엿볼 수 있는 대목이다.

자녀가 중학생이라면 부모는 정보보다 '믿음'과 '기다림'을 가져야 한다. 지금은 당장 성과가 눈에 보이지 않더라도 가고 있는 방향이 맞다면 자녀를 믿고 기다릴 줄 알아야 한다. 영어 공부를 하며 자녀의 문법과 어휘의 기본 실력은 분명 늘고 있는데 학교 시험에서 한번 나쁜 성적을 받아 왔다고 해서 바로 과외를 알아볼 필요는 없다. 이런 경우, 자녀는 분명 고등학교에 진학해서 본인의 진가를 발휘할 것이다. 사교육을 받고 있는데 성적이 오르지 않아 추가로 사교육을 시키는 것이 근본적인 해결책이 될 수 없다. 공부하는 시간을 늘리고 공부 채널을 변경시키는 것보다 '어떤' 공부를 '왜' 하는지, 생각하는 시간이 선행되어야 한다.

고등학교에 진학하면 진짜 실전이다. 학생부 종합 전형으로 인해 내신 성적을 잘 받아야 한다. 중학교 때처럼 단순 암기 과목에 집착하지 말라는 이야기를 할 수 없다. 그렇기 때문에 중학교 때, 성적표의 성적보다는 자녀의 진짜 실력을 늘리는 데 초점을 맞춰야 한다. 독서, 토론, 논술을 통해 인문학의 정신과 감수성을 키우자. 또한, '연극'과 같은 예술 협력 활동을 적극적으로 참여하자. 연극은 혼자 할 수 없다. 감독이 있어야 하고 배우가 있어야 하고 스태프가 있어야 한다. 여러 사람이 함께 하는 작업을 통해 사회성을 기를 수 있고 본인의 생각을 표현하는 법을 배울 수 있다. 또한, 많은 사람들 앞에서 연기하고 본인의 감정을 표출하는 과정을 통해 자신에게 솔직해지고 본인을 되돌아볼 수 있는 계기까지 마련된다.

고등학교에 진학하면 정말 시간이 없어서 하고 싶어도 하지 못하는 부분들이 많다. 눈에 보이는 중학교 성적표에 집착하다 보면 내실을 다지지 못할 가능성이 있다. 넓고 길게 보는 안목을 통해 자녀가 고등학교에 올라가서 힘을 낼 수 있는 '공부 근육'을 만들어 주는 데 초점을 맞추자.

어쩔 수 없이 사교육을 시켜야 하는
대한민국 부모님들에게

대한민국과 사교육은 떼려야 뗄 수 없는 존재이다. 그렇게 오랫동안 많은 사람들이 공교육 강화를 외치며 사교육을 억제하려 노력했지만 우리 주변을 살펴보자. 사교육을 진행하지 않고 있는 학부모와 학생이 얼마나 있는가? 막연히 사교육을 하지 말자는 말은 쉽게 할 수 있다. 그러나 10년 안에 아니 100년 안에 사교육이 사라지는 건 쉽지 않아 보이는 것이 현실이다.

아무런 대책 없이 사교육을 하지 말자는 말보다는 '이왕 하는 사교육을 어떻게 하면 제대로 할 수 있을까?'를 고민하는 것이 사교육 업계에 종사하고 있는 마케터로서 더 현실적인 부분이라 생각했다. 지금도 필자가 다니는 회사의 공부·학습·입시·진로 상담 게시판에는 질문이 끊임 없이 올라온다. 글은 계속 올라오는데 사교육에 대한 걱정과 고민은 그리 별반 다르지 않다. 대한민국 부모들이 다 비슷한 생각을 갖고 있다는 것을 느낄 수 있는 대목이다.

대한민국에서 자녀를 키운다는 것 자체가 만만치 않은 것 같다. '금수저'가 아니면 좋은 대학을 가기 힘들어진 대한민국에서 어떻게 하면 즐겁고 행복하게 살 수 있을까? 돈이 없으면 이제 정말 명문대는 꿈을 꿔서는 안 되는 것일까? 이런 힘든 상황 속에서 자녀를 위해 사교육을 시키려고 노력하는 우리 부모들에게 마지막으로 하고 싶은 이야기를 전한다.

중학생 자녀를 둔 부모의 걱정

북한이 남한을 공격하지 못하는 이유를 아는가? 대한민국의 중2가 무서워서라고 한다. 이런 중학생 자녀를 키우고 있는 학부모들. 자녀의 성적, 자녀와의 관계 등 참 고민이 많은 시기다. 자녀가 사춘기면 이제 부모도 제2의 사춘기에 접어드는 것 같다.

자녀가 중학생이 되면 엄마와의 관계가 변한다. 자녀와의 대화 횟수가 줄어들고 옆집 자녀가 학원을 다니지 않고서도 전교 10등을 한 이야기를 자녀에게 했다가 싸움이 나는 상황도 발생한다. 이렇다 보니 이제는 대화를 하면서도 어떤 이야기를 해야지 자녀의 성미를 건드리지 않을까 고민하게 되고 차라리 대화를 하지 않는 사태까지 벌어진다. 특히, 공부에 관한 이야기에는 너무 자녀가 예민하게 반응하여 말을 꺼낼 엄두도 내지 못한다.

대부분의 학생들은 금수저가 아니다. 그냥 평범한 가정의 자녀이다. 현실적으로 자녀에게 비싼 과외를 시키고 고액 학원을 보낼 수 있는 집은 그리 많지 않다. 부모들이 자녀에게 바라는 점도 사교육 없이 전교 1등을 하고 서울대에 입학하는 것이 아니다. 그저 성적이 너무 뒤처지지 않고 심한 공부 스트레스 없이 서울 내에 있는 4년제 대학 정도를 가길 바랄 뿐이다.

TV나 인터넷을 켜면 우리 부모들의 고민은 더 깊어 간다. 사교육을 받지 않고 서울대를 간 정말 극소수의 사례와 반면에 이제 금수저가 아니면 명문대에 입학하는 것은 그림의 떡이라는 뉴스 기사를 보여 주며 부모들을 흔들어 놓고 있다. 점점 부모는 본인의 역할에 대해 혼란스러워한다. 사실 공부 방법에 관한 이야기는 여기저기서 많이 찾을 수 있지만 명확하게 그래서 자녀에게 무엇을 어떻게 해야 한다는 이야기를 명쾌하게 알려 주는 곳은 없다.

뉴스에서는 사교육을 철폐하고 공교육을 강화한다고 말은 하지만 이 이야기는 부모가 학교 다닐 때도 들었던 이야기다. 더군다나 자녀에게 사교육을 시키지 않으면 오히려 주변에서 이상하게 쳐다보는 시대를 우리는 살고 있다.

사교육 없이 자녀를 명문대에 보낸 부모의 책은 많은데 사교육을 최대한으로 활용해 성적을 올리는 책은 만나 볼 수 없다. 또한 사교육을 받지 않고 자녀가 자기주도학습을 하는 방법에 대한 책은 만날 수 있어도 대놓고 '사교육을 시킬 때, 부모의 역할'을 다루는 책은 없다. 왜? 대한민국은 사교육을 언급하는 자체를 껄끄러워하기 때문이다. 그래서 대한민국의 학부모들은 헷갈린다. 뉴스에서 말하고 나라에서 추구하는 교육 정책과 실제로 체감하는 자녀 교육 방법이 다르기 때문이다. 주변에서는 사교육을 다 시키는데 이왕에 하는 사교육에서 최고의 효과를 내기 위한 방법을 말하는 부분은 더 꺼려 한다. 혼란스러운 상태에서 자녀의 학습 상태를 옆에서 계속 지켜볼 수밖에 없다. 자녀에게 자율성을 부여하자니 불안하고 사교육을 시키자니 경제적으로 부담되는 것이 현재 대한민국 학부모들의 현 주소다.

과연 우리 부모는 무엇을 어떻게 해야 하는 걸까? 고민은 점점 많아지고 답을 알려 주는 곳은 없고. 우리 학부모들이 점점 가여워진다.

부모가 사교육에 대한 인식을 명확히 하자

참 내 마음대로 자녀를 키우는 것이 쉽지 않다. 학원을 보내 줘도 싫다고 하고 자기주도학습을 추천하면 참견하지 말라고 한다. 주변 친구의 자녀는 다 엄친아, 엄친딸처럼 보이고 불안하기 짝이 없다. 그런데 대한민국에서 교육을 받는다는 자체가 한계가 있는 것 같다. 그렇게 사교육 철폐를 외치지만 한번 봐라. 오히려 더 활성화되고 있다. 대체 대한민국이라는 이 나라에서 내 자녀를 어떻게 지도해야 할까? 정답은 없지만 그렇다고 가만히 있을 수만도 없다.

학교 성적이 단순히 자녀가 얼마나 열심히 공부하느냐에 달려 있다고 생각하는 학부모들이 아직도 있다. 물론 주요 내용을 암기하고 오랜 시간 공부를 하는 습관이 학교 성적을 가장 빨리 올릴 수 있는 길이긴 하다. 하지만 우리 자녀가 알아서 공부를 열심히 해준다면 이 책을 읽고 있을 이유도 없다. 우리 아들, 딸이 조금이라도 더 몰입해서 공부하길 원한다면 부모의 역할이 중요하다. 청소년기 자체가 부모의 역할에 영향을 많이 받는 시기이므로 부모와 자녀가 공부에 대한 동일한 생각을 갖고 있는 것이 중요하다.

부모가 '왜 자녀가 사교육을 받아야 하는지' 모르면서 강제로 학원을 보낸다면 자녀도 혼란을 겪는다. 주변의 자녀 친구들이 사교육을 다 받기 때문에 막연히 자녀에게 사교육을 시킨다면 100% 역효과가 난다. 사실 사교육 하지 않아도 된다. 우리에게 선택권이 있다. 주변에서 사교육을 한다고 해서 내 자녀가 사교육을 하지 않으면 공부 자체를 하지 않는 것이 아니다. 공부는 필수지만 사교육은 선택이다. 사교육은 성적을 올리는 여러 방법 중 하나다. 남들이 다 하니까 따라할 필요는 없다. 부모가 명확히 사교육에 대한 본인의 개념이 있어야 자녀도 따라올 수 있다.

가끔 사교육과 공부를 동일시하게 생각하는 부모를 만날 수 있는데 이는 분명 잘못된 생각이다. 공부 자체에 대한 자율성은 없다. 10대 청소년이 공부를 하는 것은 당연한 일이다. 자기주도학습을 시킨다고 모든 것을 자녀에게 맡기는 부모도 있는데 이도 잘못된 방법이다. 부모가 도와줄 수 있는 부분은 도와야 한다. 사교육은 공부가 아닐 뿐이다. 자녀에게 맞는 공부 방법을 자녀 스스로 찾기 위해 사교육을 선택할 수는 있어도 공부는 선택 사항이 아니다.

부모의 생각이 명확하지 않으면 자녀도 같이 명확한 결론을 내리지 못한다. 지도가 필요한 부분은 일관성 있게 부모가 확실히 밀고 나가고 자녀에게 선택권을 줄 부분에서는 자녀의 선택을 존중하는 모습을 보여야 한다. 우유부단하거나 말과 행동이 다른 부모의 모습은 부모를 신뢰하지 못하는 자녀의 마음을 만들게 된다. 사교육에 대한 명확한 생각을 갖고 자녀에게 조언할 수 있는 부모의 모습을 보이자.

자녀를 신뢰하자

자녀가 둘 이상인 집에서 벌어지는 현상이 있다. 첫째가 공부를 잘하면 첫째의 공부 방법을 둘째에게도 똑같이 강요하는 것이다. 이는 둘째의 성적 하락의 주요한 원인으로 이어진다. 첫째와 둘째의 선천적으로 타고난 차이를 인정하고 자녀가 본인에게 알맞은 학습법과 공부 채널을 스스로

214

고민하고 선택할 수 있는 기회를 주어야 한다.

예를 들어, 공부 잘하는 첫째가 아침형 인간이다. 시험 기간에 새벽에 일어나서 공부하는 것이 습관화되어 있다. 그래서 부모는 '공부 잘하는 학생 = 아침형 인간'이라는 공식을 스스로 세운다. 그래서 둘째에게도 똑같이 아침형 인간이 될 것을 요구한다. 하지만 알고 보면 둘째는 밤 늦게까지 공부할 때, 더 좋은 효율을 보이는 올빼미형 체질이다. 내가 낳은 자식들이지만 둘의 성향이 다를 수 있다는 점을 인정하자. 부모의 학습 방법이 아닌 자녀 스스로 본인에게 맞는 학습 방법으로 공부하고 부모는 이를 믿고 따라야 한다.

대한민국 부모들은 공부를 하지 않는 자녀를 신뢰하지 않는 경향이 있다. 보편적으로 자녀가 공부를 하지 않으면 어떤 이유 때문인지 살펴보기 전에 질책할 준비를 먼저 한다. 공부를 하지 않는 이유는 아들이라면 게임일 수도 있고 딸이라면 좋아하는 연예인 때문일 수도 있다. 공부보다 더 시간을 쏟고 싶은 관심사가 있는 것이다. 답답하겠지만 자녀를 공부시키고 싶다면 '내 아이를 신뢰하는 마음'이 필요하다. 아니, 어떻게 게임을 하는 아들을 보며, 연예인만 쫓아다니는 딸을 보며, 막연히 신뢰만 할 수 있느냐고 반문할 수도 있다. 당장에라도 더 이상 게임을 못하도록 스마트폰을 효과적으로 버리는 법을 알려 주거나 딸을 집 안에만 있게 만드는 법을 알려 줘도 시원찮을 판에 말이다. 그래도 어쩔 수 없다. 자녀와 신뢰 관계가 깨져 버리면 진짜 끝이다. 부모가 본인을 믿지 않고 존중하지 않는다는 느낌은 자녀들이 금방 알아차린다.

그런데 마음 속에 꼭꼭 숨겨 놓은 신뢰가 자녀를 자동으로 공부하게끔 만들진 못한다. 현실은 드라마가 아니다. 마지막에 자녀가 극적으로 부모가 자기를 얼마나 믿고 사랑하는지 깨닫고 열심히 공부하는 스토리가 짠하고 벌어지지 않는다. 그래서 부모가 자녀를 신뢰하고 있다는 사실을 보여 줘야 한다. 게임을 하다가 아들이 학원을 가지 않는다. 이럴 때, 대부분의 부모의 반응은 어떠한가? 학원비가 얼마인데 이게 무슨 행동이냐고 소리를 지른다. 한 번이라도 아들에게 "지금 하는 게임이 끝나면 학원에 가서 열심히 공부할 거지? 엄마는 아들을 믿는다."라고 말해 본 적이 있나? 너무 속에서 울화통이 터지겠지만 한 번만 속는 셈치고 아들을 믿어 보자. 연예인만 쫓아다니는 딸을 보면서 "요즘 학교에서 스트레스 많이 받지? 좋아하는 연예인 보면서 스트레스 풀리면 다시 공부할 거라 생각해."라고 한 번만 말해 보자. 말을 하는 순간에는 너무 답답하겠지만 부모가 자신을 신뢰하고 있다는 사실을 자녀가 느끼게 된다면 그 이상의 긍정적인 교육 방법은 없다. 꼭 이런 방법이 아니어도 상관없다. 자녀가 부모님이 본인을 믿고 지지해 준다는 사실을 알 수 있게끔 표현을 많이 해주면 스스로 부모님을 실망을 시키면 안 되겠다는 마음이 만들어진다.

우리 부모들도 질풍노도의 시기를 거쳤다. 실제로 이때는 자녀 자신도 스스로 마음을 잘 알지 못한다. 감수성이 예민한 시절이라 작은 말에도 상처를 받고, 또 작은 위로에도 쉽게 마음의 문을 연다. 칭찬하고 응원하는 말을 해주자. 화가 나더라도 그냥 눈 한번 질끈 감고 부드럽게 말하자. 부모님이 자기를 신뢰하고 응원한다는 사실 자체가 가장 큰 힘이 된다.

자녀 입장에서 생각해 보자

자녀가 목표를 달성하지 못할 수도 있고 학원을 다니고도 시험 성적이 떨어질 수도 있다. 자녀의 떨어진 성적을 보고 '열심히 공부했으니 괜찮아'라고 결과가 아닌 과정을 칭찬할 수 있다면 정말 좋겠지만 쉬운 일은 아니다. 화내지 않으면 다행이다. 하지만 옆에서 보는 부모의 마음도 안타까운데 자녀의 마음은 오죽할까? 부모의 입장에서만 생각하지 말고 실질적으로 이런 상황에서 '내 자녀의 기분은 어떨지' 생각해 보는 것도 도움이 된다.

만일 자녀에게 싫은 소리를 해야 하는 경우가 생기면 질문형으로 이야기를 해보자. 감정이 격해진 상황에서 종결형으로 이야기하면 본인의 화가 난 감정에 대해 이야기하기 쉽다. 자녀가 해야 할 숙제를 하지 않았다면 다그치지 말고 왜 숙제를 하지 않았는지 물어보자. 현재 일어난 일의 객관적인 사실에 대해서만 물어보자. 화가 나는 감정이 너무 치밀어 오르면 5초만 눈을 감고 떠 보자. 이런 자그마한 행동 하나가 자녀와의 관계 발전에 도움이 된다.

부모들은 학창 시절에 부모에게 가장 먼저 듣고 싶은 이야기가 무엇이었을까? '공부 똑바로 하고 다녀', '맨날 왜 이렇게 늦게 들어오니' 등의 말은 아니었을 것이다. 그렇다면 이제 부모가 된 나는 힘들게 공부하고 집에 온 자녀에게 어떤 말을 해야 할까? '오늘 하루도 고생했어' 이 한마디면 된다. 거창한 이야기도 필요 없다. 만일 지금 자녀와 대화가 없는 상태라면 무슨 이야기를 할지 미리 생각도 해보는 것도 도움이 된다. 왜 회사에서 거래처 사람과 미팅을 할 때는 누가 시키지 않아도 언제, 어디에서, 무슨 주제로 대화를 나눌지, 계획을 짜지 않나. 자녀와 나누는 대화도 조금만 더 신경을 쓰자.

오늘 하루 정도는 게임과 연예인을 좋아하는 아들, 딸과 함께 대화를 마음껏 나눠 보자. 자녀와 이야기하면서 가장 좋아하는 게임 캐릭터도 물어보고 좋아하는 연예인이 출연한 드라마에 관한 이야기도 같이 해보자. 중학생 시절에는 부모가 공부가 아닌 본인한테 관심을 갖고 집중한다는 자체로도 행복함을 느낄 수 있다. 부모의 입장이 아닌 자녀의 입장에서 생각해 보며 대화를 나눠 보자. 자녀도 고마움에 보답하기 위해 같이 노력하게 된다.

자녀가 넘어졌다고 먼저 손을 내밀지 말자

요즘은 자녀가 둘 이상인 집을 보기 쉽지 않다. 이는 자연스레 자녀에게 더 집중하고 과보호하는 현상으로 이어지고 있다. 학교에서 자녀가 선생님에게 꾸지람을 듣고 오면 부모가 참지 못하고 되레 선생님에게 앙갚음을 하는 내용의 기사도 뉴스에서 심심치 않게 만날 수 있다. 자녀를 사랑하는 것과 과보호하는 것은 엄연히 다르다. 자녀를 진심으로 사랑한다면 '스스로 문제를 해결'할 수 있도록 내버려 두는 자세도 필요하다.

공부를 하면서 전교 1등이든 전교 최하위 학생이든 누구나 어려움을 겪는다. 그 어려움의 종류가 다를 뿐이다. 어려움에 닥쳤을 때마다 부모가 나서서 도움을 준다면 어떻게 될까? 자녀 스스로 어려움을 이겨 내는 경험을 할 수가 없다. 나이가 들어 점점 더 고등 교육을 받게 되겠지만 스스로 무언가를 헤쳐 나갈 수 있는 능력은 계속 초등학교에 머무는 것이다.

'끝날 때까지 끝난 게 아니다'

미국 메이저리그 뉴욕 메츠의 감독을 역임했던 요기 베라가 한 말이다. 1973년 미국 프로야구 메이저리그에서 메츠가 시카고 컵스에 9.5게임 차로 뒤져 지구 최하위를 달릴 때 '시즌이 끝난 것 아니냐'라는 기자의 질문에 대한 답이었다. 이후 메츠는 컵스를 제치고 당시 내셔널리그 동부지구 우승을 차지했고, 이후 메이저리그의 전설적 명언으로 남게 됐다.

이는 공부에서도 적용된다. 지금은 비록 좋지 않은 성적을 받고 어려움을 겪고 있어도 정말 끝날 때까지 끝난 것이 아니다. 어차피 우리의 최종 목표는 중학교 2학년 1학기 중간고사에서 좋은 성적을 받는 것이 아니라 좋은 대학교에 진학하는 것이 아닌가? 지금 자녀가 주저앉고 울고 있다고 해서 부모가 나서서 손을 잡아 일으켜 줄 필요는 없다. 그러면 자녀는 언제나 엄마의 손을 기다릴 것이다. 자녀가 스스로 털고 일어나도록 옆에서 힘을 주는 정도면 충분하다.

요즘 아이들은 우리 부모 세대와 다르다. 스마트폰을 통해 원하는 것을 스스로 찾고 SNS를 통해 다른 나라 친구도 사귈 수 있다. 우리 부모 세대와는 다른 세상을 살기 때문에 생각도 다를 수밖에 없다. 자라면서 듣고 보는 부분이 많다 보니 스스로 할 수 있는 일도 많아지고 부모의 도움 없이도 스스로 무언가를 하고 싶은 마음도 강하고 그 능력 또한 충분히 갖고 있다.

어려운 상황을 스스로 극복할 수 있는 힘을 자녀에게 주기 위해서는 자신감을 심어 줘야 한다. 집에 와서 부모와 대화하지 않는다고 해서 부모의 영향을 받지 않는 것은 아니다. 본인에게 큰 영향을 끼친다는 사실을 알기 때문에 더 대화를 피하는 것일 수도 있다. 부모의 말 한 마디, 자신을 바라보는 눈빛 하나에 자녀의 마음은 쉽게 움직인다. 부모의 믿음을 받고 자란 아이는 자기 스스로를 믿을 수 있다. 스스로에 대한 신뢰는 본인이 실패를 해도 극복할 수 있다는 자신감으로 이어진다.

대학교 입학 전, 자녀들이 생활하는 공간과 만나는 사람들은 지극히 한

정적이다. 이 안에서 자녀보다 경험이 풍부하고 사춘기를 먼저 경험했으며 무엇보다 자녀를 낳고 기르면서 자녀의 습관, 생각, 성격을 가장 잘 파악하고 있는 사람은 부모다. 이런 이유로 부모 스스로 자녀를 올바른 길로 안내해야 한다는 강박관념에 사로잡혀 있진 않은지 생각해 보자. 자녀가 부모를 신뢰할 수 있는 상대로 생각만 해도 대성공이다. 너무 부담을 갖지 말자. 우리의 자녀를 앞에서 손을 잡고 부모가 이끌고 갈 것인지, 아니면 손을 잡지 않아도 자녀가 올바른 길로 걸을 수 있게 안내해 주는 역할을 할 것인지는 우리 부모의 몫이다.

노트 정리 말고 생각 정리의 시간을 주자

어쩌면 지금 우리 자녀 세대에게 필요한 부분은 사교육을 받으면서 성적을 올리는 스킬보다 '본인 스스로 마음껏 생각할 수 있는 시간'이 아닐까 싶다. 자녀들은 너무 바쁘다. 부모가 자녀 얼굴보기도 쉽지 않다. 그래서 '나 스스로에 대한 생각'을 할 시간조차 부족하다. 학습에 진로에 체험 활동에 할 일이 너무 많다. 가장 중요한 부분은 '자기 자신에 대한 파악'인데 말이다.

하루 종일 공부만 하는 자녀에게 잠깐 해방될 수 있는 시간을 주자. 그리고 생각할 시간을 주자. 본인의 꿈에 대한 생각도 좋고 시험 성적이 좋지 않은 이유를 생각하며 정리하는 시간을 가져도 좋다. 정리하는 과정 속에서 한번 더 본인의 마음을 살펴보게 될 것이다. 생각을 정리하는 습관을 기르다 보면 어제보다 나은 오늘을 오늘보다 나은 내일을 꿈꾸게 된다.

특히, 자녀에게 고민이 있다면 위와 같은 시간은 도움이 된다. 고민이 있는 상태라면 자녀 감정의 변화가 생겼을 가능성이 크다. 화가 났을 수도 있고 슬픈 마음일 수도 있다. 이런 감정 자체를 스스로 표현하고 분출하면서 스스로 정화해 보는 시간은 필요하다. 머릿속의 생각들을 정리해써 나가다 보면 생각보다 내가 고민하고 있는 일이 단순한 문제라는 것을 깨닫게 된다. 마음속에만 있던 말을 밖으로 꺼내어 후련해지고 이 과정에서 의외의 해결책도 발견되기 때문이다.

본인의 감정을 표현하는 연습을 하다 보면 주제가 같아도 어제 내 마음과 오늘 내 마음이 변화됐다는 것을 느낄 수 있다. 좀 더 나은 내일을 위해 노력하는 본인을 발견하고 이 과정 속에서도 기쁨을 느낄 수도 있다. 이런 과정을 지켜보는 부모도 행복감을 느낄 수 있다. 부모도 같이 시도해 보자. '내가 오늘 자녀의 마음을 아프게 한 적은 없나', '내 자녀의 멘토로서 내가 할 일은 무엇인가'. 함께 적어 보고 그 과정을 즐겨 보자.

대한민국에서 부모로 산다는 자체가 언젠가부터 피곤하고 쉽지 않은 일이 되었다. 하지만 어쩌겠는가? 부모의 역할을 누가 대신해 줄 수도 없고 피할 수도 없다. 우리의 자녀들도 대한민국의 사교육 제도에 많이 지치고 힘든 대입 과정을 이겨 내기 위해 노력 중이다. '어떻게 하면 자녀를 좋은 대학에 보낼 수 있을까?'보다 '어떻게 하면 대학까지 가는 과정에서 자녀가 만족감을 느끼며 학교를 즐기면서 다닐 수 있을까?'에 관심을 갖는 부모가 될 수 있도록 다같이 노력하는 대한민국을 꿈꾸며 글을 마친다.

사교육 때문에 힘들어 하는
중학생과 학부모를 위한 **사교육,
최소 비용으로
성적 올리기**

초판 1쇄 2017년 9월 29일

지은이   유경준
펴낸이   김종해
펴낸곳   문학세계사

주소   서울시 마포구 신수로 59-1(04087)
대표전화   02-702-1800
팩시밀리   02-702-0084
이메일   mail@msp21.co.kr
홈페이지   www.msp21.co.kr
페이스북   www.facebook.com/munsebooks
출판등록   제21-108호(1979.5.16)

값 13,000원
ISBN 978-89-7075-864-0 13370
ⓒ 유경준, 2017

이 도서의 국립중앙도서관 출판예정도서목록(CIP)은 서지정보유통지원시스템
홈페이지(http://seoji.nl.go.kr)와 국가자료공동목록시스템(http://www.nl.go.kr/kolisnet)에서
이용하실 수 있습니다.(CIP제어번호: CIP2017024602)